生物学问题教学漫谈

江建来 著

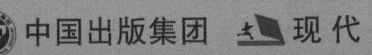
中国出版集团　现代出版社

图书在版编目（CIP）数据

生物学问题教学漫谈 / 江建来著. —— 北京：现代出版社, 2022.5
ISBN 978-7-5143-9897-7

Ⅰ.①生… Ⅱ.①江… Ⅲ.①生物课-教学研究-高中 Ⅳ.①G633.912

中国版本图书馆CIP数据核字(2022)第082171号

生物学问题教学漫谈

作　　者：江建来
责任编辑：张红红
出版发行：现代出版社
通信地址：北京市安定门外安华里504号
邮政编码：100011
电　　话：010-64267325　　64245264（传真）
网　　址：www.1980xd.com
电子邮箱：xiandai@vip.sina.com
印　　刷：广州市友盛彩印有限公司
字　　数：175千字
开　　本：787mm×1092mm　1/16　印　张：9.875
版　　次：2022年5月第一版　　印　次：2022年5月第一次印刷
书　　号：ISBN 978-7-5143-9897-7
定　　价：48.8元

版权所有，翻印必究；未经许可，不得转载

序言 | Foreword

问题是思维的起点，也是思维的动力。陶行知先生曾说：创造始于问题，有了问题才会思考，有了思考，才有解决问题的方法，才有找到独立思考的可能。

新时代教师是学生创新思维的引路人，教学中实施问题驱动教学，有利于培养学生的创新意识和创新思维，有利于唤醒学生对知识背后的动机问题的认识。如今，核心素养下的生物学教学，赋予了问题教学诸多新理念、新内容、新方法，现结合"一核四层四翼"的中国高考评价体系，就生物学问题教学实践中的点滴所思和所悟，围绕"基础篇""方略篇"和"实践篇"三个方面进行梳理。

"基础篇"围绕生物学问题教学的相关理论、教学艺术和问题创设等方面进行了阐述；

"方略篇"围绕心里认知、情境化、大概念、深度教学四个方面进行方法和策略的点滴探索；

"实践篇"依据核心素养目标的达成，进行多角度的问题微创设研究，并且提供了丰富的"题例赏析"，感悟问题微创设的独到风格，领略"善问者，如攻坚木，先其易者，后其节目"之意。

"他山之石，可以攻玉。"期盼《生物学问题教学漫谈》一书能给生物学教育工作者的教学或教研带来点滴之益，为生物学爱好者带来点滴之助，此乃写作之初心。

目录 | Content

基础篇

第一章　生物学问题教学原理 ··· 2

第1节　问题和问题教学 ·· 2

第2节　生物学问题教学 ·· 4

第3节　生物学问题创设误区 ·· 14

第4节　生物学好问题的特质 ·· 17

第5节　生物学问题教学提问艺术 ·· 22

方略篇

第二章　生物学问题教学策略 ··· 30

第1节　认知心理策略 ·· 30

第2节　情境化策略 ·· 33

第3节　大概念策略 ·· 40

第4节　深度教学策略 ·· 55

目录 | Content

实践篇

第三章　基于核心素养的生物学问题微创设案例分析 ········ 60

　第1节　"生命观念"维度的素养目标和问题微创设 ········ 60

　第2节　"科学思维"维度的素养目标和问题微创设 ········ 81

　第3节　"科学探究"维度的素养目标和问题微创设 ········ 101

　第4节　"社会责任"维度的素养目标和问题微创设 ········ 127

参考文献 ········ 149

后记 ········ 152

※ 基礎篇 ※

第一章 生物学问题教学原理

第1节 问题和问题教学

一、问题的含义

"问题"(problem)这个词是由两个希腊词组成的:"pro"的意思是"向前","ballein"的意思是"投掷"。字面意思,就是"被向前投掷的东西",理解为现实(是什么)和理想(应该是什么)之间的相差的结果,而且需要现在或将来采取行动。在常见的词(辞)典中,对"问题"含义的表述略有不同,主要有以下几种:

问题(problem)亦称"难题"。泛指机体不能利用现成反映予以应答的刺激情境。狭义指人们不能利用现成的知识(包括概念、规则和方法)达到既定目标的刺激情境。难题不同于简单的问题,前者的解决需要依据某种策略,将与之有关的知识经验重新组合、转换;后者可依据已有的知识立即做出应答。

——《教育大辞典》

问题(problem):一译"难题"。在给定状态与目标状态之间存在某些障碍,需要加以克服的任务情境。包含三个基本成分:给定状态,即问题初始状态,表现为一组给定的信息;目标状态,即问题的目标状态,关于构成问题结论的描述,即问题要求的答案或目标状态;在问题的初始状态与目标状态之间存在的障碍,正确的解决方法并非直接的或显而易见,必须间接地通过一定的认知操作才能改变给定状态,逐渐达到目标状态。"

——《心理学大辞典》

难题是"那些并不能立即得到求解或者有一定难度的问题,是那些需要经过思索和探求的问题,是那些需要通过投入积极思维活动的问题"。

——《牛津大辞典》

问题(problem):一般指需要研究和解决的实际矛盾和理论疑难。

——《哲学大辞典》

问题是"需解决的矛盾:要求回答和解释的题目"。

——《新华字典》

问题,指要求回答或解答的题目;事态的严重性足以引人研究讨论,或尚待解决者。

——百度百科

可见,"问题"一词在现代汉语中使用非常广泛。

二、问题教学

所谓问题教学,是指以问题为中心的教学,它是把教学内容化作问题,通过情境创设,引导学生通过解决问题而掌握知识、形成能力、发展思维、养成心理品质的过程。

在常见的词(辞)典和百度百科中,对"问题教学"含义的表述主要有以下几种:

问题教学是指"通过设置情境,提出、解决问题进行教学"。

——《教育大辞典》

问题教学是在一般不改变教材内容,不打乱教材体系的情况下,在教学过程中把教材以问题的形式向学生提出来,并使其接受后成为自己的问题。其目的不仅在于引起学生注意与兴趣,更主要的是激发学生思考,从而培养与发展学生的思维能力。

——《心理学大辞典》

问题教学是根据"实验逻辑"的"反省思维"学说,教师针对儿童在生活、活动中遇到的困难、提出问题,帮助他们分析问题,寻求假设,进行实验,以求解决问题的方法。

——《中国百科全书教育》

问题教学法就是教材的知识点以问题的形式呈现在学生的面前,让学生在寻求,探索解决问题的思维活动中,掌握知识、发展智力、培养技能,进而培养学生自己发现问题、解决问题的能力。在这种课上,教师有意地创设问题情境,组织学生的探索活动,让学生提出学习问题和解决这些问题,或由教师自己提出这些问题并解决它们,在此同时向学生说明在该探索情境下的思维逻辑。"问题教学"为学生提供了一个交流、合作、探索、发展的平台,使学生在问题解决中感受知识,在教学活动中以"问题"为线索,基于问题情境发现探索知识,掌握技能,学会思考、学会学习、学会创造,促进学生创造思维的发展。

—— 百度百科

可见,问题教学法是一种发展性教学理论和方法,是现代发展性教学体系的主导因素。问题教学法有以下特点:强调问题情境的创设;强调学生的独立性和创造性;教师引导学生发现问题和解决问题的过程;强调在解决问题中思维能力的培养。正如苏联教育家列尔耐尔所说:"问题教学的本质在于学生由教师经常引入寻求有根据地解决对他们来说是新问题的办法的过程，由此他们就学会独立地获取知识、运用原先学过的东西和掌握从事创造性活动的经验。"

第2节 生物学问题教学

一、含义

生物学问题教学是指生物学教学过程中，教师依托真实情境，科学创设问题，引导学生在发现问题和解决问题的思维活动中，掌握知识、培养技能、发展思维和生物学素养，实现教学目标的一种教学行为方式。

美国学者贝拉克（A.Bellack）等人于1966年发表了《课堂语言》，其研究认为，教学序列的核心就是教师的提问和学生的回答，以及教师对学生回答所作出的反应。当然，问题教学中的"问题"可以是教师对学生创设的问题，也可以是学生对教师提出的问题，还可以是学生之间提出的问题。

二、理论基础

古希腊哲学家亚里士多德说："思维是从疑问和惊奇开始的。"苏联教育家苏霍姆林斯基也强调教师要积极创造条件，使学生"面临问题"。问题是思维的起点，探究的开端。有了问题，才能激发学生学习探究的意识。思维活跃了，探究问题的热情才会爆发出来。问题是思维的核心，一切探究和创新都是围绕问题展开的。生物学问题教学的理论基础有以下几个。

1. 核心素养理念

生物学课程理念是以提高学生的生物学学科核心素养（生命观念、科学思维、科学探究和社会责任）为宗旨、内容聚焦大概念、教学过程重实践作为新课程的基本理念。

实施问题教学，发展学生思维，是提高学生生物学核心素养的一种重要途径，它能较好地促进每一个学生的全面发展，为他们的充分发展创造空间，从而更好地落实新课程的目标。中学生的认识特点是学生好奇心强，学生的思维活动已开始由形象思维向抽象思维过渡，他们的思维活动越来越具有独创性，并试图解决问题。

2. 思维心理学理论

思维心理学认为，知识是发展智力的前提，它主要是通过思考真实的问题解决而掌握的。智力的发展离不开问题解决，智力是在真实而复杂的问题解决中得到发展的，思维是智力的核心，而思维是由所遇到的问题情境引发的。问题情境不仅引发了思维，而且还诱发了思维的倾向。在解决问题过程中思维也得到发展。

人的思维本质特征之一是思维的问题性。思维起始于问题，是能动过程，是以创新为核心，是思维着的主体的活动；思维产生于问题情境，又以解决问题为其目的。真正意义的教学活动不应该从教师向学生提出已知、现成的知识模式开始，而是从教师通过设置问题情境、创设学习活动的内部条件开始去激发学生对新的未知知识的认识需要，形成学生真正的、内部的认识动机，以间接方式影响学生能动的学习过程。思维教学提出了教学活动需要"创设情境""提出问题""自主探究""合作交流""总结反思""应用迁移"六大核心要素。该理论与创造教育有关，培养创造思维品质是创造教育的核心。

3. 情境学习理论（situated learning）

情境学习理论（situated learning）认为：学习和认知是情景化的，学习发生在社会情境中，社会化的学习能极大地提高个人会议、检索和重新使用知识等思维能力。任何知识只有被转化为学习者的生活情境，它对学习者才有意义，才能帮助学习者提出问题、生成探究问题。

美国学者 A.L.布朗和她的同事们把真实活动定义为"一种文化的普遍实践"，他们认为，如果活动能够培养对校外情境下的学习很重要的思维，那么不管这些活动能否反映从业者所做的事情，他们都是真实的。真实情境对于学习的价值在于：新颖的、多样化情境更有利于学生参与问题解决，了解知识运用条件，掌握知识迁移价值。

4. 建构主义学习理论

建构主义学习理论认为，学习是一种自主建构的过程，知识是学习者在一定的情境下借助他人（教师和学习伙伴）的帮助，利用必要的学习资料和工具，自主地通过意义建构的过程来获得的。该理论强调以学生为中心，在教学上强调：学习者的学习活动必须与问题相结合，教师应该引导学生在真实的教学情境中，以探索问题的解决方法的方式来进行学习。学习是学习者主动建构内部心理表征的过程，它不仅包括结构性的知识，而且包括大量的非结构性的经验背景。学习者的建构是多元的，学习过程不是学习者被动地接受，而是积极地建构知识的过程。

为了促进学生灵活地掌握知识，发展高层次思维技能，培养解决问题和自主学习的能力，建构主义提出了教学要研究现实生活中的真实问题，提出了"问题式学习"创设的问题情境能激发学生探究的欲望。在这一过程中，教师应该发挥指挥者、组织者、引导者的角色，而学生则真正成为学习的主体，能够以自己的特长、兴趣、爱好等实现自主建构。在生物课堂中，特别是"情境创设""合作学习"等环节，教师若能在课堂提问教学中进行优化设计，形成有效的提问，必将较圆满地完成最终的意义建构。

5.实用主义教育理论

问题解决能促进学生经验生长。实用主义哲学是美国国家哲学，是20世纪最具影响力的哲学，它"强调哲学应立足于现实生活，主张把确定信念作为出发点，把采取行动当作主要手段，把获得效果当作最高目的"。

美国著名教育家约翰·杜威（John Dewey）提出了实用主义教育理论，他认为问题解决的过程就是思维发展的过程，就是教育的过程，也是学生参与社会生活的一种形式。通过问题解决，学生的思维才得以发展，并提出了问题解决的五个步骤：

第一，学生要有一个真实的经验的情境（创设问题情境）；

第二，在这情境内部产生一个真实的问题，作为思维的刺激物（明确问题）；

第三，学生占有知识资料，从事必要的观察，对付这个问题（拟订解决方案）；

第四，学生必须有条不紊地展开他所想出的解决问题的方法（执行计划）；

第五，学生要有机会和需要通过应用检验他的观念，使这个观念意义明确，并让他自己发现它们是否有效（总结评价）。

6.因材施教理论

因材施教是我国古代教育经验的结晶，最早见于朱熹的概括"孔子教人，各因其材"。它是现代教学必须坚持的一条重要原则，具有非常丰富的现代价值，它既是经验，又是理论，既是方法，又是原则。要求教师要从学生的实际情况、个别差异出发，有的放矢地进行有差别教学，使每个学生都能扬长避短，获得最佳的发展。对培养适应时代需要的创新型人才具有非常重要的现实意义。

该理论要求教师要从学生的实际情况、个别差异出发，使教学的深度、广度、进度适合学生的知识水平和接受能力，有的放矢地进行创设有差别的问题，使每个学生都能扬长避短，从而获得最佳发展。该教育是注重差异的教育、是个性化教育、是最能促进每一个学生发展的教育，是极为有效的教育方法。所追求的是适合的教育，即对不同的学生施加不同的教育和影响，所以需要结合学生的实际情况，采取有效措施，创设不同问题来启迪学生的思维，使有才能的学生得到充分的发展。

7.布鲁姆的《教学目标分类学》

著名教育家特纳（Turney）曾经根据美国当代著名教育家本杰明·布鲁姆（Benjamin Bloom）的《教学目标分类学》创设了"布鲁姆-特纳教学提问模式"。按照学生的思维类型和水平的不同，把教学目标包括由低级到高级，由简单到复杂的六个层次，即知识性问题、理解性问题、应用性问题、分析性问题、综合性问题和评价性问题。前三类指向较低层次的认知水平，后三类问题是指向高阶的思维能力，问题具有开放性。

创设知识问题的目的是检查学生已学知识，着重培养学生记忆能力；创设理解问题的目的是加深学生对知识的理解，培养学生理解能力；创设应用问题的目的是通过运用加深对知识的理解，达到对知识的进一步巩固和掌握；创设分析问题的目的是培养学生分析问题、解决问题的能力；创设综合性问题的目的是培养学生学以致用，将所学的知识以一种新的或创造性的方式组合起来，形成一种新的关系，解决实际问题的能力；创设评价问题的目的是要求学生对一定的教学内容进行评价，以培养学生根据一定的标准做出判断。

8.马赫穆托夫的问题教学理论

苏联教育学家马赫穆托夫认为，问题教学是一种"发展性教学，在这种教学中学生经常性的独立探索活动同他们学习现成的科学结论结合在一起，而教学方法体系的建立要考虑问题性目的和问题原则……问题教学是现代发展性教学体系的主导因素"。问题教学是发展性教学的高级类型，在这种教学结构中占主导地位的是对话设计和认识性作业，这些对话设计和认识性作业需要由教师系统地创建一些问题情境，并组织学生为解决问题而进行活动。

9.弗莱雷提问式教育理论

保罗·弗莱雷是巴西著名教育家，一生致力于发展中国家的教育事业，被誉为"拉丁美洲的杜威"。他在揭示"灌输式教育"弊病的基础上，提出了"提问式教育"，他认为：教育和教学应该是对话式的，是一种对话性、创造性的活动；对话是教育的主要途径之一，要使对话有成效，提问是关键；教师不仅是知识的传递者，而且应成为问题的提出者；提问实际上是对现实问题进行批判与分析。为此，教师在提问时要提出能激起学生思考的问题，不能提一些形式化的问题，同时要激励学生自己提出问题，通过提问，使学生不仅会回答问题，还要学会对答案提出疑问。"灌输式教育"和"提问式教育"比较见表1-1：

表1-1 灌输式教育与提问式教育对照表

对照项	灌输式教育	提问式教育
怎样对待现实	把现实神话	清除现实中的神话
怎样对待对话	抵制对话	实行对话
怎样认识学生	学生是等待帮助的客体	学生是成长中的批判思想者
怎样理解人性	抑制创造力,否定人性的完美	以创造力为依托,肯定现实的反思和行动
怎样选择行为	强化宿命论意识	提高"识世"能力
怎样认定目标	驯化和顺从	探究与改造
怎样的出发点	使人固化不变	人的具体历史性
怎样的理论信仰	权威主义和理智主义	人道主义的解放实践

10.赞可夫的发展教学理论

苏联教育家、心理学家赞可夫的发展教学理论认为：以最好的教学效果来促进学生的一般发展；要把一般发展作为教学的出发点和归宿；只有当教学走在发展全面的时候，这才是好的教学；要把教学目标确定在学生的"最近发展区"之内；教学要有一定的难度，要让学生"跳一跳"才能摘到"桃子"。这就要求教学过程中问题教学要围绕"最近发展区"来展开。

三、遵循原则

1.针对性原则

生物学问题教学中的"问题"应有明确的针对性，"问题"是为了启发学生的思维和提示学生注意重点和难点知识。因此，教师应针对不同的教学要求、教学内容，以及不同的学生提出不同的问题。在问题教学中，教师应考虑教学内容的难易，教学对象的年龄、性格、知识基础与能力水平因素。

2.多样性原则

生物学问题教学要具有多样性，不论是在形式、内容上还是程度上都要具有多样性。问题教学形式上可采用设问句、反问句、疑问句等多种形式对学生进行提问。创设新颖别致的问题内容，能激发学生积极思考和主动探究。即使对学生熟悉的内容也要从新的角度进行提问，使其产生新鲜感。此外，教师在问题教学设计上还要注意难度上的多样性。在一堂课创设的问题中，既要有简单的问题，也要有较难的问题。应考虑不同学习水平的学生，对不同的学生应提出难度不同的问题，使每个层次水平上的学生都能在课堂问题解决中受益。

3.顺序性原则

学生的认知是一个有序的过程，是一个由已知到未知、由浅入深、由简单到复杂的过程。因此，生物课堂教学问题也应遵循学生的认知规律、思维规律和心理发展规律，有序地设计课堂问题，即由浅入深、由具体到抽象、由现象到本质，层层深入，不断把学生的思维引导到新的高度。

4.广泛性原则

问题教学要面向全体，设计问题要考虑各种水平的学生，根据教学内容与问题的难易度选择不同的提问对象。有些教师在问题教学时没有注意到问题的面，教学问题只针对学优生，忽略学困生的参与和发展。因此，教师提问一定要注意点面结合，既照顾到个别学生的发展，又顾及全体学生在原有水平上的发展。

5.评价与反馈性原则

良好的问题教学应是结构完整的，教师不单要提出问题，更要评价学生回答的情况。教师对学生回答的每个问题都要给予有效评价，不能只是泛泛地说"很好""不错"等。要针对学生具体回答的情况进行中肯的评价。这种有针对性的评价应是诊断式的评价而非判断式的评价。教师要善于发现学生思维中存在的缺陷，通过引导和诊断，引导学生思维朝正确方向发展。这样既保护了学生参与课堂的积极性，又激发了学生学习的兴趣和解决问题的主动性。

四、主要功能

春秋时期，我国的教育家孔子，就曾成功地用问题教学来引导学生进行学习，用问答形式进行教学，在《论语》一书，其弟子颜渊对孔子的提问引导称赞道："夫子循循然善诱人。"日本著名教育家斋藤喜博也认为，教师的提问是"教学的生命"。

课堂教学中，生物学问题教学有独特的作用与功能。它所涉及的问题是教学内容的重点、是组织教学的开端，是教学进程中转换的"关节"，是学生思维活动中重要的"激活"因素。结合生物课堂教学，课堂提问的功能主要有以下几个方面。

1. 引起学习生物学动机的功能

课堂教学提问不仅是课堂的一种智力调解行为，而且是启动非智力因素的一个重要手段。它能使学生集中注意力，引导学习心智、激发探讨兴趣，促进引发多数学生积极的活动愿望。如讲到"性别决定与伴性遗传"时，提问学生："同样是受精卵，为什么有的发育成雄性个体，有的却发育成雌性个体呢？""生男生女究竟由什么因素来决定呢？为什么男性色盲患者比女性色盲患者多？儿子色盲是由父亲遗传还是由母亲遗传的？"这些问题学生挺感兴趣，能使学生迅速集中注意力，就能顺利导入新课。

2. 帮助学生学习的功能

生物课堂教学提问是教师对学生学习的一种支持行为。对教材中重点可提示；对教材内在联系和逻辑关系可沟通；能促进记忆的功能，可扩展学习范围，探索教材以外知识；可诊断学生学习的特殊困难。

3. 提供学生参与机会的功能

问题教学中的每一个问题，是课堂上的一种召唤、动员行为，是集体学习中相互活动的聚合力量。它可以使学生表现观点、流露情感、锻炼表述；同时，促进人际交流，加强学生与班级其他成员的沟通与反应。

4. 评价功能

了解学生学习成就，分析其弱点；收集评价材料，检查教学目标达成。

5. 引起反馈功能

学生通过对问题教学中的反应与回答，可以获得教师的反馈，帮助学生检查教学成效，建立积极的自我观念，以供改进时参考。如在学习了"光合作用"知识后，提出："请你们运用光合作用知识，谈谈如何提高温室中农作物的产量？"此时通过讨论，学生能提出多种多样的解决方案。这既巩固了主干知识又检查了学生的学习效果。

6.启发思维功能

捷克教育家夸美纽斯曾说："儿童如果看出了谈话时由问答组成的，他自己也有了发问与答复问题的习惯，他便学会了推理的程序，即辩证法的初步。"可见，课堂教学提问是启发学生思考，提高教学质量的重要手段，也是组织课堂教学的一个重要内容和不可缺少的环节。

生物学问题教学可以引导学生对生物学的思考方向，达到扩大思考广度和提高思考的层次；问题教学会给学生制造问题，针对问题教学中的每一个问题，就相当于给学生提供了一次思考的机会。

7.加强管理功能

课堂教学提问有利于组织教学，它能不断地集中和调动学生的注意力，使生物教学顺利进行。例如，当发现某些学生听课精力分散时，教师就可以通过提问，暗示他们专心听讲，使注意力指向教师和教材；当学生听课面露难色时，可通过提问了解情况，帮助学生克服学习障碍。

五、生物学问题教学中问题类型

根据不同的分类标准，问题教学中问题的类型有所不同：从问题解决的方式来分，有聚合性问题与发散性问题；而美国教育学家本杰明·布卢姆（Benjamin Bloom）提出的"学问分类法"可谓众所周知，他认为，就认知领域而言，教师在课堂上问题可分为知识性问题、理解性问题、应用性问题、分析性问题、综合性问题、评价性问题。为此，可以根据生物课堂教学问题的不同类型来进行设计。美国教育家特纳（Turney）创设出了著名的"布卢姆-特纳问题设计模式"，在这种设计模式中，课题教学问题被分成由低到高的六个不同的层次水平：知识（回忆）水平、理解水平、应用水平、分析水平、综合水平、评价水平，其中每个水平的问题都与学生不同类型的思维活动相对应，并且这些问题由低到高，层层递进，包含的智慧含量也逐步增加。

1.知识（回忆）水平问题

这是一种记忆水平的学习目标，学生对于这类提问不需要进行深入思考，只要通过回忆检索已有的生物学知识就能回答问题。仅需回答"是什么"的问题，问题材料是经过检验的和旧的，解题的主要心理活动是再认和再现，它可以用来检查学生对知识的掌握情况，一般在课堂引入阶段或课堂讲授阶段使用此种提问方式。基于该类问题给学生留有思考的空间较少，在课堂上建议不宜过多使用。

【题例1】什么是光合作用？光合作用需要什么原料？

【题例2】细胞的衰老有什么特征？

2. 理解水平问题

这类问题要求学生用自己的话对事实或事件进行叙述，对照、比较事实或事件的异同，知道有关知识的由来及主要特征，能对知识进行解释和说明，能把知识由一种形式转变为另一种形式（包括将文字转换为图表、图表转换为文字、变换文字表述方式、变换图表设计等）。这类问题一般用于检查学生理解掌握知识的情况，以便帮助学生组织所学知识，进一步加工所学内容，解题的心理行为是把题目材料的含义表达出来，但不要求应用、分析和与其他材料进行联系。常用于讲授新课之后。

【题例1】光合作用和呼吸作用过程中的物质、能量变化有何区别？举例说明影响光合作用速率的环境因素。

3. 应用水平问题

该提问要求学生能够把先前所学的生物学知识（概念、规律、理论等）迁移到新的问题情境之中，它可以用来考查学生对程序性知识掌握的情况，要求学生善于判断问题情境与有关生物学知识间的适用程度，然后，直接运用解决问题或者调整变通后才能解决问题。试题材料是新的（包括新素材、新情境和新问题），方式有三种：以新的事实和现象要求学生根据学习过的原理作答；以学习过的原理要求学生以新的事实和现象作答；以一种事实要求学生运用学过的原理来求出另一个结论性的事实。解题的心智活动是把学过的知识迁移到具体的问题情境之中加以灵活运用。此方式问题一般在课堂新内容的讲授、练习中使用。

【题例1】为什么人群中女性色盲患者远远少于男性色盲患者？

【题例2】根据你学过的知识，建议一个人怎样预防脂肪肝？

4. 分析水平问题

分析是把一个信息分解成它的组成要素或部分，以使有关概念层次清楚或使概念间的联系表达明确。该问题对学生的要求较高，它要求学生运用已有知识来分析新知识的结构、因素，厘清事物的关系和前因后果。这种问题没有现成答案，学生要根据所学内容，分析资料，进行推论。解题的心智活动是分解整体，依三个层次进行：元素的分析—关系的分析—组织原则的分析。问题呈现模式主要有：（1）比较不同生物学现象；（2）分解复杂的生物学生理过程，如对细胞呼吸过程；（3）对生物学现象进行分类；（4）分析现象的原因；（5）推测生物学现象的内部结构及各部分间的联系。教师在学生回答这类提问时，应给予鼓励和帮助，使学生分析能力得到提高。

【题例1】萌发的水稻种子倒放在土壤上,为什么根总是向地生长,而茎总是背地生长呢?这对植物来说有何意义?

【题例2】分析生态系统的营养结构及其内部关系。

【题例3】列表比较神经调节与体液调节的区别。

5.综合水平问题

综合是指各种要素或组成部分进行加工而形成一个新的整体过程,该过程强调创新性。它是一种高级认知目标,在课堂讨论、合作学习、探究学习方式中常常运用这类问题,通常是问答题或论述题,它能利用同伴资源进行知识建构,对学生思维能力特别是创造能力的培养具有重要作用。这类问题提问后,它要求教师留给学生足够的时间去思考。问题呈现模式主要有:

(1) 单元教学内容整合;

(2) 设计某一生物学研究活动的活动方案;

(3) 阅读某生物学专著,写文字报告;

(4) 就生物学某方面的发展趋势或发展理论等做出判断。

【题例1】喷洒杀虫剂会污染环境,你觉得采取哪些措施既能杀虫又能生产绿色蔬菜?

【题例2】有同学认为吃基因补基因,你对这种观点有怎样的看法?

【题例3】光的强度对光合作用有影响,请设计一个实验来验证。

6.评价水平问题

评价是为了某种目的根据一定的准则和标准对观念、作品、结果、方法和事实等的价值进行判断。属于最高认知水平,它要求学生从不同角度认识和分析问题,评价事物,要求学生有意识地以某种确定的标准来对某一理论和事实评判其优劣。学生要对事物进行评价,就必须能深入理解、分析、综合相应的知识,提出自己独特的观点。评价标准通常有两种:其一,根据精确性、一致性和逻辑性做出判断,即根据内部的证据来做出判断;其二,根据某一成果的有效性、一致性和逻辑性做出判断,即根据外部的标准来做出判断。问题呈现模式主要有:

(1) 评价某一个生物科学概念、原理或生物学发现的意义;

(2) 评价某一个实验方案或活动计划的优缺点;

(3) 评价某一生物学思想或价值观。

【题例1】单倍体育种和多倍体育种与杂交育种分别有哪些优点?为什么?

【题例2】你认为某同学的观点怎么样?你认为他的实验设计方法好吗?如果好,

好在哪里？如果不好，应怎样改正？

【题例3】学校计划在学生食堂旁边修建一个池塘。请你从生态学的角度就池塘的设计和修建提出一些建议。

六、提问模式

生物学问题教学中提问过程是教师提出问题，并指导学生解答，使之掌握知识，提高能力的活动过程。一般可分为：引入—陈述—介入—评价四个阶段。

1. 引入阶段

教师通过必要的语言和动作表情等来表示即将提出的问题，使学生对提问做好心理准备。例如："通过上面的分析，请大家思考……下面这个问题有一定难度，看谁能够回答……"

2. 陈述阶段

生物教师要用清晰、准确的语言把问题表达出来。陈述问题时，适当地把语速放慢一些，以便让学生听清楚教师所提出的问题。

3. 介入阶段

教师处理学生的回答阶段，在学生回答有困难时，教师要适时介入，用不同的方式来鼓励和启发学生回答问题。教师的行为主要有：

（1）了解学生是否明白了问题的含义（当学生没听清问题时，教师应把问题重说一次；当学生对题意不理解时，教师应重新表述）。

（2）督促学生尽快回答问题。

（3）适当提示问题的要点和关键，以便帮助学生做出完整的回答。

（4）采纳学生的回答，这是对学生的高层次的肯定。常采用的方式有：

① 认可　重述学生回答问题使用过的词语、运用学生的提法和想法；

② 修改　在学生作答的基础上，用教师的话来重述并进一步修改完善；

③ 应用　用学生的作答来得出一个推理，分析一个问题，以激励其学习过程；

④ 比较　将学生的作答和他先前的作答或其他学生的作答进行比较，寻找联系，以鼓励学生投入学习；

⑤ 总结　学生的作答，作为对所教知识的概述和回顾，以强化知识。

4. 评价阶段

教师要对学生的回答进行评价。常采用的评价行为有：用不同的词句复述学生的答案；纠正错误回答；对学生回答出现的问题进行追问、扩展、延伸，开拓学生的思路，活跃生物课堂教学的气氛。

第3节　生物学问题创设误区

生物学教学中，部分生物学教师缺乏教学问题创设方面的知识和技能训练，对教学问题的创设没有进行预设，导致出现不少低效的、无效的问题。在教育教学实践中，观察并发现生物学教师在教学问题过程中，创设的问题有以下典型误区。

一、重数量，轻质量

生物课堂教学中，部分生物学教师为了体现师生互动，设计出了众多流于形式、毫无价值、答案唯一（对或错）的简单问题，如"是不是""对不对""好不好""有没有"等，在答题中，学生只是简单地附和答道"是""不是""对""不对""有"等，课堂貌似热闹非凡、气氛活跃，形式上让学生参与到教学中，但是，这类问题简单，淹没了教学重点，挤占了学生自主学习、独立思考的空间和时间，思维的质量低下，流于形式。

【题例1】　一位生物学教师在"酶的特性"教学时进行过以下提问："今天，同学们有好心情吗？""我们今天一起来学习酶的特性好不好？""大家有没有提前预习呀？""没有提前预习，对不对呢？""以后在学习新知识前，是不是要提前预习呢？"可谓一节满堂提问的教学，创设的问题竟然相当多与教学目标达成关联度不大，甚至没有关联的问题。学生也没法真正成为学习的主人。

二、重难度，轻梯度，问题含糊

有些生物学教师创设的问题内容大而空、难度大、跨度大，使学生不知从何答起；有时，创设的问题语言含糊，表达不清，词不达意，发问失误，使学生搞不清题意；有时把前后不连贯的孤立问题当成连发式问题。

【题例2】　有位生物学教师在课堂上授新课前，对学生提出以下问题来对上节课内容进行复习："请同学们想一想，我们在上一节课学习了哪些内容？""科学家们是如何探究细胞膜结构的呢？""光合作用的过程是怎样被发现的呢？"等。这些问题的设问句主词过大，回答的对象过于笼统，不适合以短时间、快速度为特征的课堂教学提问的要求。

三、重知识性问题，轻认识性问题

生物学课堂教学中，有些教师整节课所创设的问题，都是只要求学生通过回忆、陈述已学过的生物学知识、概念和方法等这类知识性问题，这类问题一般有现成的、固定的答案，并且问题的答案往往只有唯一。对某校生物科青年教师课堂创设问题类型、学生回答类型和回答频率进行了统计，发现年轻教师重知识性问题的创设比较普遍，创设的问题中记忆性问题居多（64.29%），极少有创造性、批判性问题。学生记忆性回答（52.38%）和机械判断是否（38.1%）占据回答的绝大部分。

观察实际的课堂教学，不同的年级生物学教师在创设知识性问题和认识性问题方面也有所不同。以下为某校四个年级的4位生物学教师的四节公开课进行问题教学中创设的问题统计（见表1-2）：

表1-2 问题教学中创设的问题统计表

问题类型	问题总量	知识性问题(%)	认识性问题(%)
A教师(初一)	34	33（97.06%）	1(2.94%)
B教师（初二）	19	18（94.74%）	1(5.26%)
C教师(高一)	17	13（76.47%）	4(23.53%)
D教师(高二)	15	9（60%）	6(40%)

【题例3】 "呼吸作用的过程怎么样？反应式怎么写？呼吸作用有哪些意义？" "什么是细胞周期？细胞周期中各时期分别有什么特点？"对于这些问题，只要学生知晓知识就能正确回答。在基础知识复习时可适当使用，但如果过多使用，则会禁锢学生思维，不利于学生能力的发展。

四、重封闭式问题，轻开放式问题

有效提问则要求教师尽可能多地提出开放性的问题，或者尽可能使所创设的问题具有一定的开放性，这样才有利于培养学生的发散性思维品质和提高学生的生物素养。

【题例4】在讲授光合作用有关恩吉尔曼实验时，一位生物学教师创设的问题是："恩吉尔曼实验的过程是怎样的？结论是什么？"而第二位生物学教师，创设了以下问题：

（1）为什么水绵是理想的实验材料？

（2）恩吉尔曼是如何控制实验条件的？

（3）为了能使实验的结果更准确，这个实验还做了什么处理？

不难发现，第一位教师创设的问题相对较封闭，学生觉得索然无味，无法激发学生进行积极思考。学生对第二种这样的认识性问题，更有兴趣。

五、重预设性提问，轻生成性提问

生物教学过程中，预设和生成是和谐统一的。但是，由于部分生物学教师预设问题不科学或者对课堂上生成性问题的忽略，出现了对教案中预设问题的过分依恋而发生"教案剧"，甚至以自己的教案中预设问题为中心，形成了"目中无人、去生命现象"的课堂教学。

【题例5】一节"反射和反射弧"的公开课教学正在进行之中，突然响起雷声，下起雨来，正常的教学秩序立即被打断。学生几乎都把目光投向窗外，还有的发出了喊叫声，有的急忙翻起书包"惨了，没带伞。"……面对这偶发事件，只见这位生物学教师大声提醒学生要注意听讲，可是效果就是不佳。

其实，该教师就没有注重利用好课堂生成资源，教师可以走到窗边暗示学生把窗户掩上，然后要求学生以正在发生的意外事件为话题，讨论同学们刚才的反应是否属于反射，如果是，让同学们分析出反射弧的几个组成部分，并比较哪个小组写得好。这样，这场意外的响雷降雨，不仅没有造成麻烦，反而生成了反射实例的生成性课程资源，教学就可能出现意料之外的精彩。

六、忽视因材施"问"，问题没有梯度

因材施教是重要的教学原则，部分生物教师对设计的问题和提问的对象，没有做到因优等生、中等生、学困生而异，没有做到：对优等生多创设一些有一定难度和需要快速作出反应的问题；对中等生多创设一些相对适中的，有利于自觉参与意识的问题；对学困生，多创设一些基础性、激励性的问题。

【题例6】一位教师在复习"单克隆抗体"制备过程中，结合教学实际，创设了以下八个问题让学生进行思考：

(1) 传统的提取抗体的方法如何？存在着哪些不足之处？
(2) 能否用细胞培养方法制备大量抗体？
(3) 为什么要用抗原注射小鼠？
(4) 用什么方法制备单克隆抗体？
(5) 单克隆抗体的优点有哪些？
(6) 单克隆抗体有何应用？
(7) 胰蛋白酶的作用是什么？
(8) 两次筛选的目的是什么？如何筛选？

不难发现，第（1）（2）（3）三个问题属于较易层次的，第（4）（5）（6）三个问题属于中间层次，第（7）（8）两个问题属于较难层次的。

七、评价重结果、轻过程

在问题教学的评价方面，有些生物学教师表现出重问题教学结果评价，轻问题教学过程评价，不讲究评价艺术，甚至出现浮夸评价。

【题例7】对于一些学优生回答出了一些简单的问题，就送上热情洋溢的笑脸，给予高度赞扬，称他（她）"太好了，真是天才""有道理，你的确是人才""哇，真厉害，不愧是班级里的头号种子""你说得太有道理了，懂得最多"。相反，部分学困生由于胆怯回答得不够完整、不够深刻，迎来的却是教师那冷冰冰的"坐下"。另外，有些生物教师在学生回答问题时不注意倾听，或过早评价，打断学生的思路；有时评价滞后，错失评价时机。有的教师连续叫几名学生回答同一个问题，最后，教师只说谁对谁错，并没有结合学生回答的实际，反馈出对错的原因或者利用答题中的有利因素来诱导启发学生。

第4节　生物学好问题的特质

教师要落实新课程的理念，在备好生物学课程标准、备好教材、备好学生的基础上，将素养目标具体落实到教学环节中去，进行整体布局和设计，设计出起点低、层次多、新颖独特的问题。在科学设计生物教学问题时，应注意好问题的以下特质。

一、问题有"情境性"

问题情境的创设应生动直观、富于启发，善于运用直观演示、多媒体技术、趣味实例、知识复习、制造悖论等手段，把抽象的问题具体化、深奥的道理形象化、枯燥的知识趣味化，从而激发学生发现问题的欲望和探究问题的热情。在学习"细胞的失水和吸水"时，教师可以在课堂上拿出一包瓜子问："如果你连续嗑咸瓜子，你的口腔和嘴唇的黏膜有什么感觉，为什么？"学生答："口干，细胞失水。"这就较好地引入了课题。

【题例1】在"生态平衡"一节中，先呈现生态系统图解，创设问题情境，让学生根据图示思考：

（1）生物群落中生产者、消费者、分解者之间每一种成分过多或过少，生态系统的发展情况会怎样？

（2）要使生态系统处于稳定状态，生产者、消费者、分解者之间又需要怎样的关系？

（3）构成生态系统的无机环境中，输入生态系统的非生物物质和能量大于输出，生态系统的发展情况怎样？如果输入等于输出，或者输入小于输出，那么生态系统的发展又将如何？

二、问题有"有趣性"

提出的问题最好要对学生有一定的吸引力。特别是当学生的思维处于由高潮转入低潮时，可以多提一些强调性、巩固性、放松性、幽默性的问题。问题可以是实际问题，也可以是基于现实生活中的问题；同时还可以是理论问题，或者是基于学生已有的学习概念提出的具有一定智慧挑战性的问题。这些都与学生的个人经验、生活密切相关，较能激起学生的兴趣。

【题例2】在"基因突变"一课开始时，一位生物学教师结合班级中近视高发病率情况，提出了以下一系列问题：

（1）"你什么时候得近视的？你的爸妈近视吗？"

（2）"你的近视是怎么造成的呢？"

（3）"假如你长大成家，你的子女会近视吗？"

（4）"子女为什么不会近视呢？这就是我们今天要学习的内容。"

通过一组问题的问与答既激发了兴趣，又自然地导入了新课。又如，在学了变异相关知识后，可以提问："两个同卵双胞胎小孩从小分开，一个寄养在美国富裕家庭，另一个寄养在非洲贫穷家庭中，15年后他们哪些性状相同，哪些不相同？"这样可以营造出轻松、活跃的氛围，提高了学习效果。

三、问题有"适度性"

创设的生物学问题应该考虑问题的深度、广度、梯度、密度、整合度，从学生的认知结构、技能结构以及认知能力出发，把握问题的思维负荷，创设出关键性的问题。教学中所设计的问题，可以通过把握住问题的程序性和实质的显示度来辅助控制，其难度最好与学生的"最近发展区"相适应，这样的问题所包含的学生智力任务较重，具有较高的思维训练价值。问题太难或太简单都很难引起学生的积极思维，避免诸如"是""不是""对""不对"的简单问题及学生不假思索就可以回答的问题。在新的"已知区"和"最近发展区"的交汇点上进行的提问，问题也就容易得到解决。这样的提问深度恰到好处，学生跳一跳能够得着"果子"，这也将激发学生积极主动地去探求新知识。

【题例3】"为什么子代和亲代极为相似?"在学了"减数分裂与受精作用""DNA的结构和复制""中心法则"后,就可以要求学生联系上述知识回答这个有一定难度的问题。

四、问题有"针对性"

为保证教学目标的实现,生物教师要针对教学内容的重点和难点来创设问题,如讲授生物新课时,要围绕教学重点创设问题;复习生物知识时,可从知识的规律性方面,从易混淆的知识点创设问题;讲评时,从思考方法、解题规律上创设问题。防止出现"问而不答、启而不发"的现象。真正做到目标明确,每次发问,必有所为:或引起注意,或强调重点,或激发思考。这样的问题设计使学生能够准确掌握教学的重点内容。

【题例4】在进行"观察植物细胞有丝分裂实验"的教学时,设计了以下问题:

(1) 为什么在根尖长到5 cm时取材?
(2) 解离试剂是什么?解离有何作用?
(3) 为何要进行漂洗?
(4) 染色的试剂是何种物质?为什么能使材料着色?
(5) 压片的目的是什么?

五、问题有"现实性"

"生活即学习",教师提出的问题要尽量与现实生活相联系,使学生将所学的生物学知识运用到自己的生产、生活实际中。

【题例5】在生物学(必修1)"蛋白质是生命活动的主要承担者"一节的教学过程中,可以从最近出现的"大头娃娃"引出问题,让学生自己收集资料并设计案例确定问题主题:

(1) "大头娃娃"形成的原因?
(2) 蛋白质对人体有什么作用?
(3) 为什么有些食品要添加某些氨基酸?
(4) 工商人员如何检测优质奶粉与劣质奶粉等。

另外,在"细胞失水和吸水"教学时,用盐腌萝卜、青菜一段时间后,观察坛子的水量变化。思考:

(1) 坛子中的水量有何变化,为什么会出现这种现象?
(2) 举出一个相似的实例。
(3) 这两个例子说明了什么?

六、问题有"启发性"

教师设计的问题要有适当的深度、难度，能给人以启发，其答案难以从教材中直接找到，而需要经过学生的思维加工才能间接地找到。设计的一系列问题有利于启发学生对知识进行多角度的思考和理解，其智力情绪和学习兴趣均会被激发，对于具有启发性的问题，学生在答题过程中，能够激起学生思维的波澜，培养学生的思维能力。

【题例6】在学完"减数分裂"这节内容后，可以设计以下一些问题：

（1）在减数分裂过程中，染色体数目发生了几次减半？DNA含量发生了几次减半？为什么？

（2）在有丝分裂过程中，染色体数目发生了几次减半？DNA含量发生了几次减半？为什么？

（3）减数分裂概念中"减数"的含义是什么？

（4）为什么把减数分裂称为一种特殊方式的有丝分裂？

（5）有没有细胞，既能进行有丝分裂，又能进行减数分裂？

七、问题有"有序性"

《学记》强调"学不躐等""不陵节而施"，否则"杂施而不孙，则坏乱而不修"。问题教学中循序渐进的"序"，包括教材内容的逻辑顺序、学生生理节律的发展之序、学生认识能力发展的顺序和认识活动本身之序、是四种顺序的有机结合。问题创设要注意梯度，也就是说应注意教学内容整体结构的层次性和系统性，由浅入深、从简到繁，循序渐进，环环相扣，尤其是对各部分知识联系紧密的内容问题。

【题例7】在复习渗透吸水原理时，可以设计出这样一组问题来：

（1）渗透装置必须具备哪些条件？成熟的植物细胞哪些地方具有渗透装置的条件？

（2）在"观察植物细胞质壁分离和复原"实验中，若把洋葱表皮细胞先用盐酸处理，再做实验，能否出现质壁分离和复原现象？

（3）在做上述实验时，若用 KNO_3 溶液代替 0.5 g/mL 蔗糖溶液，则在显微镜下观察时，能观察到质壁分离，但过一段时间后会发生质壁分离复原现象，这是为什么？

（4）具有大液泡的植物细胞，能与外界溶液发生渗透作用，人体细胞没有液泡，所以人体细胞不会发生渗透作用，这句话对不对？

由于这组问题逐个深入，步步提高，体现出与学生认知规律的一致性，有效地引导着学生的思维活动向纵深处发展。实践证明，在课堂教学中经常创设这种"阶梯式"提问情境，对培养学生思维的逻辑性和深刻性有重要的意义。

八、问题有"差异性"

在课堂教学过程中，由于学生的综合素质不同，不是每个学生都能回答相同问题，为提高其自信心、学习积极性和自我信念，应适当选择提问对象，对他们提出的问题也要有难易之别：成绩好、学习能力强的学生可提出难度较高的问题；学习成绩中等、学习能力中等的学生可提出中等难度的问题；而向成绩差、学习能力弱的学生则可提出较容易的问题。

【题例8】学习了有关渗透作用方面的知识，可以让学生思考：

（1）渗透作用装置中，如果用一层纱布代替玻璃纸，漏斗管内的液面还会升高吗？

（2）当外界溶液的浓度低时，红细胞一定会由于吸水而涨破吗？植物细胞会由于过多吸水而涨破吗？为什么？

对于问题（1）这个判断型的问题比较简单，选择的提问对象最好是知识层次能力水平较低的学生；而问题（2）类似于分析性问题，就需要选择综合素质较高的学生来回答较妥。

九、问题有"延伸性"

课堂创设的问题中既要有当前教学的内容，又要有与之相关的、值得学生思考的内容，真正营造出一种"完而未完，意味无穷"的教学心理境界，使问题从课堂延伸至课外，达到拓宽学生的知识面。

【题例9】 在"检测生物组织中的糖类、脂质和蛋白质"教学即将结束时，可设计以下问题以激发学生更高的求知欲，将学习延伸到课外，用下列实验材料做鉴定实验：

（1）用绿色叶片做可溶性还原糖的实验；

（2）用蓖麻种子做脂肪鉴定实验；

（3）用新鲜牛奶做蛋白质鉴定实验。从理论上能否成功？并说明理由。

十、问题有"探讨性"

设计的问题如果是有探讨性、争论性，就要鼓励学生不囿于现成书本知识，敢于挑战书本，发表个人见解，用多种手段、多种途径去解决同一问题，或从多角度对同一事物进行观察、讨论。让学生从不同角度和不同立场得出不同的观点和答案。

【题例10】（1）你是如何看待"吃基因补基因的"？你是如何看待"克隆的"？克隆猴的成功预示着克隆人将会是迟早的事情。谈谈你的看法。

（2）学生参观广州某农田生态试验村后，让学生绘制该生态系统的物质循环和能量流动的图解。

第5节　生物学问题教学提问艺术

一、生物学问题教学的提问艺术

"提问"是问题教学的重要环节。古希腊的学者普罗塔戈（Plutarch）早在3000年以前就指出："头脑不是一个需要被填满的容器，而是一把需要被点燃的火把。"教师的责任就是要用自己的星星之火，去点燃学生的火把，而有效的课堂提问正是这种星星之火。教学始于提问，并以进一步的提问来推进。著名教育家陶行知说："发明千千万，起点在一问；智者问得巧，愚者问得笨。"可见，教学中的提问很重要，也要讲究艺术性。研究表明：问题的有效表达与沟通语言和与身段表情有密切关系：83%的学生希望教师课堂是微笑的，74%的学生希望老师站在讲台后。

（一）杜威（John Dewey）的提问艺术观

美国实用主义教育家杜威认为提问的艺术完全是一种指导学习的艺术，其要点主要有以下几个方面：

第一，提问应当依据学生已学过的有关材料，要求学生运用这些材料去解决新的问题，而不是逐字逐句地，直接地复述已学过的材料。

第二，提问要使学生注意教材内容，而不是注意教师的目的。

第三，提问要使问题能持续地发展下去，即提问应当成为继续讨论的原动力。

第四，提问要周期性地检查和回顾以前获得的知识，以便汲取其基本的意义，总结和掌握住先前讨论中的重点，并使之从枝节性问题和尝试性的、探索性的评论中突出出来。

第五，在每一堂课终了的时候，要检查学生已经完成的作业和学到的知识，在学生的思想中，对某些未来的课题，应有更多的询问，到底是什么。

（二）课前，教师要先思考好以下问题

1. 位置的确定问题：

◆问第一个问题时，我应该站在哪个位置上？

◆当听学生回答问题时，我应该站在哪里？
◆我在课堂上的物理位置会以什么方式来鼓励或干扰学生与学生的对话？
◆我在课堂上的物理位置是怎样鼓励或干扰学生与学生之间的对话的？

2. 互动模式：
◆学生在回答问题时应该指向谁？
◆我应该如何鼓励学生多与同伴交流，而不是只顾着与教师对话？
◆在回答问题之前，我应该给学生多少时间进行思考？
◆在一个学生回答完问题之后，在问另一个问题或是允许其他学生作答以前，我应该等待多久？
◆为了推动有效教学对话的进程，我需要怎样安排课桌椅的排列方式？
◆我该怎样确定教学对话的进展速度？
◆什么时候我应该放慢或加快讲课的速度？
◆我该怎样控制对话的进程？
◆哪种分组模式会诞生最好的回答？
◆学生需要什么才能生成答案？

3. 手势：
◆我应该用什么语调提问？
◆当学生没有回应时，我应该做什么？
◆为了鼓励害羞或反应相对迟缓的学生，我应该做些什么？
◆我该怎样示意某个学生，让他（她）明白他（她）说得太多了？
◆在教学对话期间，我可能通过什么手势来缓解各种想法泛滥成灾的问题？
◆哪种面部表情能增加学生的回答，哪种表情会阻碍学生回答问题？

（三）课堂教学提问的候答技巧与理答技巧

1. 候答技巧

候答，指从教师发问，指名回答，直到学生开口作答这段时间。

（1）候答时间不宜过短。学生回答问题需要时间的酝酿，不要急于指导学生作答，思维草率会使作答效果降低。教师发问后，要有必要地等待，"此时无声胜有声"，这时是学生脑力活动最紧张、最活跃的时刻。实践表明：适宜的候答时间有以下好处：学生自信增强、回答正确性提高、创造性思维增加、参与活动增加、发问增加、会提出更多例证、反应慢学生更多受益、学生彼此间交流作用也加强。

（2）尽量少重述问题。教师复诵，易养成学生听讲不认真，期待再说一次的不良习惯。

（3）随机提问。不宜对"好学生"情有独钟，而忽视其余学生的存在，这样方能使全体学生都注意反应。

2.理答技巧

理答，是指教师对学生提出答案或作答后的处理。教师对学生的回答作出的评价，有多种形式，如直接评价或直接纠正错误答案，在这一过程中，教师在接受自己预设的回答，同时还要允许学生有各种生成的答案。如果只用定势了的"标准答案"去衡量学生回答，会阻碍学生的思路，从而影响生物课堂的活跃气氛。见表1-3。

表1-3 提问技巧类别频次统计表

A.提问后，学生回答问题的方式	频次	百分比
1.提问后，让学生思考	5	11.9%
2.提问后，让学生齐答	22	52.38%
3.提问后，叫举手学生回答	11	26.19%
4.提问后，叫没有举手学生回答	1	2.38%
5.提问后，改叫其他学生	3	7.14%
B.教师理答方式		
1.打断学生回答，或自己代答	11	26.19%
2.对学生回答不理睬，或消极批评	2	4.77%
3.重复自己问题或学生答案	9	2.43%
4.对学生回答给予鼓励和称赞	21	50.0%
5.鼓励学生提出问题	0	0
C.停顿		
1.提问后，没有停顿或不足3秒	26	61.9%
2.提问后，停顿过长	5	11.9%
3.提问后，适当停顿3~5秒	8	19.05%
4.学生答不出来，耐心等待几秒	3	7.14%
5.对特殊需要的学生，能适当多等几秒	0	0

由表1-3可知，学生齐答的比例很高（52.38%），回答问题方式单一，教师完全控制课堂；教师多次打断学生或自己代答（26.19%）；提问后基本没有停顿（61.9%），不利于学生思考。

（1）注意倾听。仔细倾听学生的回答，在剖析学生观点的提问中，利用这些回答来强调重点。教师对学生作答过程中表示出的关心和重视的态度，对学生具有鼓励作用。

（2）给予鼓励。学生作答行为本身就值得鼓励。学生回答出正确答案，教师要引导他们说出思考的过程，说出答案的由来，然后及时给予鼓励、赞扬，从而激发他们的学习动机。学生回答教师提问,受表扬与成绩呈正相关。对于素质较高的学生,再辅以富有挑战性的刺激和高标准的要求更有益。鼓励要因人而异,采用不同方式,见表1-4。

表1-4　生物教师处理学生作答行为表

学生综合素质情况	教师课堂教学所提问题的难易	学生回答情况	教师行为
成绩好的学生	较高难度	完全正确	给予完全的肯定,总结时采纳学生的回答,并以口头形式或点头的形式给学生轻度的表扬
	中等难度问题或较容易的问题	完全正确	给予肯定,采纳学生的回答,不予表扬
	难度大、中等的或较容易的问题	部分正确	部分地肯定学生的回答,部分地采纳学生的回答,不给予表扬
成绩中等学生	较难的问题	完全正确的回答或出色的回答	给予完全的肯定,总结时采纳学生的回答;并以口头形式或点头的形式给学生轻度的表扬
		部分正确	部分地肯定和部分地采纳学生的回答;给予表扬
	难度中等或较容易的问题	部分正确	部分肯定和部分地采纳学生的回答;但不给予表扬
成绩差的学生	难度大、中等的或较容易的问题	完全正确	完全肯定和采纳学生回答;给予适当表扬
		部分正确	部分肯定和采纳学生的回答;给予适当的表扬
各种程度的学生	各种难度问题	错误	避免批评,指出错误的关键点
		回答的思路特别、有创新之处	肯定和表扬

（3）匡补探究。教师引导学生再思考,必要时由教师补充说明,使问题答案得以深化和升华。学生答问,要在一个短暂的时间内完成对所学知识的吸收、分析、推理、综合归纳的复杂过程,加之学生水平、能力的限制,因而考虑不周、理解片面,甚至答案出错都是难免的。因此,教师不宜简单地中止学生回答,而应循循善诱,反复校正,引导学生正确地思考和回答问题。学生力不从心时可加铺垫,平缓坡度。

（4）归纳答案。学生所提见解或作答内容,有对有错,良莠不齐,教师总结时不妨只归纳出正确的、可接受的部分,其余部分可略而不提。

二、生物学问题教学中学生的应答分析

（一）学生高质量的回答特点

在课堂对话中，教师必须不断地评估每个学生的回答，当场确定每个学生对课堂内容的理解程度。Gall（1973）发表过一份列表，认为评估学习者回答的品质特征或标准有：

（1）清晰性：学习者回答问题时所用的语词完全可以理解，不带丝毫含糊，也不存在说话不完整或者思维混乱的现象。

（2）精确性：学习者的回答不存在事实性错误，以正确的信息为基础。

（3）适当性：学习者回答的问题正是提问者所问的问题。

（4）确切性：学习者很明确他（她）在跟谁说话及在谈论什么话题。

（5）支持性：学习者提出各种理由、事实或例子来支持他（她）的陈述，或者他（她）会解释构成自身观点的标准或假设。

（6）复杂性：学习者的回答表明他（她）意识到可以从多个角度看待正在讨论的问题，而且在达成一个令人信服的看法之前，他（她）必须考虑多重观点的影响。

（7）原创性：学习者充分利用现有的知识和过去的经验创造或发现了新观点。

（二）影响学生回答课堂教学提问的因素分析

根据心理学研究表明，影响学生问题解决的因素有：问题因素和学生个人因素。

1. 问题因素

（1）生物学问题的具体性。在其他因素相同的条件下，生物学教学中所创设的问题越具体，就越容易解决，而创设的问题越抽象，就越难解决。问题本身的具体性是解决问题的一个重要促进因素。

（2）刺激呈现的模式。每一个问题中所包含的事件和物体，总是以特定的空间位置、距离和时间顺序以及特定的功能呈现出来并起作用的，这就构成了一定的刺激模式。如果刺激的模式直接通过解决问题的线索，学生就能顺利地解决问题。相反，如果刺激的模式掩盖或干扰了解决问题的线索，就会使解决问题的难度提高，甚至会使学生误入歧途。

（3）练习的多样化。练习解决各种不同类型的生物问题，或者就同一种生物问题作多种变式的练习，会提高解决问题的效率，并迫使学生保护警觉与机敏，增强对问题变式的概括性，从而使解答问题方法得以迁移。这是因为不同类型的问题解决，可以防止思维固执僵化或功能上的固定性。但是，如果不注意掌握每个问题的特殊性，不同类型问题的解决就会反过来造成消极影响。

2.学生个人因素

（1）相关的知识经验。学生已有的生物学相关知识经验是解决问题的基础。

（2）智力水平。心理学研究表明：解决问题的效率高低，受智力水平高低的重要制约。智力水平高的学生善于检验提出的解决方法，遇到复杂问题时喜欢提出多种多样的假设，这都有利于问题的解决。

（3）认知策略。它直接影响着学生在问题解决中的思维策略，从而影响问题解决的成败与效率。认知风格、敏感性、好奇心和分析与综合各种观点的能力等，都影响着问题的解决。

（4）动机。动机是解决问题的推动力，动机过强（因焦虑而限制认知活动）与过弱（缺乏回答问题的积极性）都不利于生物问题的解决。强度适中的动机才有利于生物问题的解决。

（5）气质和人格特征。气质和人格特征直接影响着问题解决的方式和效率。如自信、大胆等特点适中时，可促进问题的解决。

（三）问题教学中高效应答的条件

1.表达清晰、关注"艺术"

研究表明，创设生物学问题的措辞言简意赅和提问的方式是督促学生参与教学对话的决定性因素，教师要在课前进行系统设计。尽量用简练的语言来清晰地表达问题，使学生容易理解和接受。为此，教师要尽量用受学生欢迎的措辞，或者是要求学生必须回答问题的措辞；在实施问题教学过程中，教师要关注问题呈现艺术，即注意语言、身段表情和问题呈现时教师位置的确定等对学生高效作答的影响。

2.选准时机、出示问题

当教学到达关键处（疑难处、矛盾处、提升处）时，都是呈现问题的好时机。如当学生在认知上产生疑问时（学生达到"愤""悱"的状态）出示问题，就能激发其兴趣，引导其思维不断向前发展。由于学生在学习过程中显示出来的实际状态对提问的时机起决定作用，所以提出问题的最佳时机往往是生成性的。

3.适当提示、巧妙点拨

在学生回答问题时，如果学生的思考遇到困难（或思考尚不清晰）处，教师要给予适当的提示和巧妙点拨，有序分解难度，有梯度地促进其进一步思考，以便能更清晰地表述自己的观点。在设计问题上和对学生作答过程中重视启发式教学，充分调动和发挥学生的主体作用，使学生的积极思维活动被诱发引导。

4.频率恰当、候答适宜

教师要根据问题的难易程度和学生的反应情况，控制好出示问题的频率。教学中，究竟是采取高频率还是低频率的提问策略，最终取决于问题的类型以及教学现象的实际情况。在问题提出之后，允许学生自由讨论之前，投入较长的等待时间，使学生的思维能够在思考问题中得到训练，从而提高学生回答问题的频率与质量。

在停顿的这段时间内，教师既不可无事可做，也不能步步追问，力戒干扰学生的思维；而应该用鼓励、期待的目光环视学生，获取反馈信息，选准提问的时机和对象，取得最佳的提问效果。学生候答期间，教师不宜表现出不耐烦态度，或重述问题，或更换学生回答，或径自由自己代替。

5. 随机提问、公平应答

苏霍姆林斯基说："注意每一个人，关怀每一个人，并以关切且深思熟虑的谨慎态度对待每一个孩子的优缺点——这就是教育过程的根本之根本。"问题呈现要顾及教室里每一位置的学生，不能有"被遗忘的角落"，确保全班学生都有同等的机会回答问题，不能体现出"重提问优秀生，轻提问学困生"的明显倾向性，不能体现"重男轻女"，即提问男学生的次数远远多于提问女学生的次数。不能惩罚性提问，即看到某学生上课不专心（如不记笔记、看其他课外书籍、交头接耳、小声议论或趴在课桌上睡觉等），就朝他（她）提问，让他（她）难堪，以示惩罚。不能"先点学生姓名，后提问学生"，即先叫学生站起来，然后说出所提出的问题，让学生站着思考，马上作答。例如"某某同学，你站起来给我回答下面几个问题……"

随机提问的一种做法：把所有学生的名字写在卡片或压舌板（或冰激凌棍）上面，需要提问时就从其中随意抽选一个。被提问过的学生，把其名字放在另一个容器中，每问几个问题后，教师可以从已抽出的卡片再抽取一次进行提问，以防止他（她）可能出现不再集中精力听课的现象。

6. 关注过程、科学评价

教师对学生的作答，要科学评价，既要评价其结果，更要对其过程进行评价。学生思维过程中的闪光点、独特处，要重点评价，以使学生在教师的激励下不断发展。要因人而异进行评价，评价过程中要慎用"不是""不对""很好""非常好"等习惯性的评价；尽量多用一些中性的、接纳性的或探究性的评价，如"嘿，这思路很好，还有其他的思路吗""这个想法不错、大家还有补充的吗""主意很好，但是你是怎么知道的""你回答得很好""你答得不错，只是有一处不够恰当""这一点你分析得很好，其他地方还有些问题""请坐，下次再努力"等。

当然，课堂教学问题的有效性是相对的，由于学生是有差异的，面对不同的学生，即使是相同的问题，问题的内容、形成的情境以及呈现方式，都会具有不同的意义和效果。同一个问题，对一部分学生来说有效，而对另一部分学生而言，可能是无效的。教师必须深入地研究学生的心理和学习的实际（文化素质、智力发展水平），找到师生的结合点，最大限度地使创设的问题和学生个人的问题发生共鸣，实现教学的有效性。

※ 方略篇 ※

第二章 生物学问题教学策略

第1节 认知心理策略

问题教学中的"问题"应符合学生的知识基础、心理特点和认识规律。教育心理学认为，创设有效的问题，应当了解学生的学习心理规律，探明学习的不同类型以及不同类型学习的过程和条件。创设问题是学生学习的主体理念转化为教学行为的关键，因此，根据学生的认知心理和思维特征，结合高中生物学课程的特点，精心创设问题及其实施过程的策略，将有助于培养学生思维的灵活性和批判性，使其成为学习的主体，真正实现激发其学习生物学情趣和启发其积极思考。所以，需要以认知心理为基础，创设课堂教学问题，实现效益更大化。

一、创设"诱因式"问题，缩小彼此心理距离

美国心理学家罗杰斯认为"成功的教学依赖于一种真诚的理解和信任的师生关系，依赖于一种和谐安全的课堂气氛"。建构有效的生物课堂教学提问，必须以和谐的师生关系为基础。高中学生富有个性，思维活跃，并已经拥有相当的知识储备，作为教师，课堂问题设计要能激发学习兴趣，诱导学生积极主动参与课堂，并进入学习生物学的最佳心理状态。为此，教师应该充分联系学生的现实生活，利用生物学实物、标本、模型、录像等直观媒体，或日常生活和生产实践中的生物学现象，创设"诱因式"问题，为课堂提问设计提供情景，并将学生融入所设计的问题情境中，使其成为学习的主人。

【题例】在"基因突变"一课开始时，教师可以结合班级中近视高发病率情况，提出以下系列问题，"你什么时候得近视的？你的爸妈近视吗？"又问："如果你的爸妈都不近视，你的近视是怎么造成的呢？"有些学生回答说是学习、上网造成的。又问："假如你长大成家后，你的子女会近视吗？""子女为什么不会近视呢？这就是我们今天要学习的内容。"通过一组问题的问与答，既激发了兴趣，又自然地导入了新课。又如在学了变异相关知识后，可以提问："两个同卵双胞胎小孩从小分开，一个寄养在美国富裕家庭，另一个寄养在非洲贫穷家庭中，15年后他们哪些性状相同，哪些不相同？"这样可以营造出轻松、活跃的氛围，提高了学习效果。

又如在"生命活动的主要承担者——蛋白质"一节的教学过程中，以报刊中关

于"大头娃娃"的报道作为材料，要求学生在收集资料的基础上设计问题，发现确定主题："大头娃娃"形成的原因？蛋白质对人体有什么作用？为什么有些食品要添加某些氨基酸？工商人员如何检测优质奶粉与劣质奶粉等。

二、创设"相似式"问题，培养学生类比思维能力

著名心理学家皮亚杰的智力发展理论认为，智力发展是把新知识同化顺应到已有的认知结构中的过程。高中学生学习生物学知识的过程也就是认知结构发展重建的过程。加强类比思维能力的培养，有助于自然而且较快地实现新知识与学生原有的认知结构同化顺应。

【题例】"蛋白质的结构"较抽象，教师在讲授时，可以让学生联系熟悉的弹簧，把弹簧的钢丝比作蛋白质的多肽链，弹簧的螺旋相当于多肽链的盘曲，再把一条或多条弹簧折叠起来，也就类似多肽链盘曲成螺旋后再折叠，相当于蛋白质的空间结构。然后，介绍制作弹簧的钢丝，其材料的种类、长短、粗细有差别；弹簧的缠绕、折叠方式不同；再阐述蛋白质结构的多样性是由氨基酸的种类、数目、排列顺序决定的，这样，就使抽象的内容形象化、具体化，使学生更易于理解掌握。又如把生物膜上的载体比作"渡船"，把DNA的结构比作"螺旋状的楼梯"等。这些形象妙趣的问题，直观形象性，不仅可以帮助学生理解知识，同时也能激发学生的想象力，使学生的类比思维能力得到提升，进而产生创造力。

三、创设"探讨式"问题，拓展思维的广度

对于具有探讨性的问题，学生在答题过程中，其智力情绪和学习兴趣均会被激发，对培养学生的思维能力有重要作用。教师创设的问题要能给人以启发，既要有当前教学的内容，又要有与之相关的、值得学生思考的内容，真正营造出一种"完而未完，意味无穷"的教学心理境界，使问题从课堂延伸至课外，达到拓宽学生的知识面。其答案最好难以从教材中直接找到，而需要经过学生的思维加工才能间接地找到。同时，通过生物知识学习，对传统的和一般的结论、观点能够进行大胆质疑，对某些问题能够分析判断，从而获得新的思维成果。

【题例】在学完"减数分裂"这节内容后，可以设计以下一些问题：

(1) 在减数分裂过程中，染色体数目发生了几次减半？DNA含量发生了几次减半？为什么？

(2) 在有丝分裂过程中，染色体数目发生了几次减半？DNA含量发生了几次减半？为什么？

(3) 减数分裂概念中"减数"的含义是什么？

(4）为什么把减数分裂称为一种特殊方式的有丝分裂？

(5）有没有细胞，既能进行有丝分裂，又能进行减数分裂？

(6）请分别用曲线表示减数分裂过程中染色体及DNA数目的变化情况？

(7）卵细胞的发生与精子发生的不同点有哪些？

这样设计的这一系列问题具有探讨性，就要鼓励学生不囿于现成书本知识，敢于挑战书本，发表个人见解，用多种手段、多种途径去解决同一问题，或从多角度对同一事物进行观察、讨论。让学生从不同角度和不同立场得出不同的观点和答案。例如，你是如何看待"吃基因补基因的？""你是如何看待克隆的"。有利于启发学生对知识进行多角度的思考和理解，能够激起学生思维的波澜。这样的问题所包含的学生智力任务较重，具有较高的思维训练价值。

四、创设"梯度式"问题，促进思维向纵深处发展

高中学生对生物学知识的认识是一个由简单到复杂、由浅入深，循序渐进，环环相扣的过程。在课堂教学过程中，由于学生的综合素质不同，对教学内容整体结构的层次性和系统性的把握存在差异，反映学生的学业水平存在差异性，为提高其自信心、学习积极性和自我信念，对教师所设计的课堂教学提问的难易度也就提出了不同的需求。所以，课堂教学问题的设计要注意梯度，要正确处理好所创设问题的"点"与"面"的关系，问题要注意辐射面，既要照顾"点"（优秀学生），又要照顾"面"（成绩一般或较差的学生）。

【题例】在学习渗透吸水原理时，可以设计出这样一组问题：

(1）什么是渗透系统？渗透吸水必须具备哪些条件？

(2）一个成熟的植物细胞中，哪个结构相当于半透膜？为什么该细胞可以看着是一个活的渗透系统？

(3）成熟的根毛细胞在什么条件下吸水、在什么条件下失水？农业生产的实践中，一次施肥过多，会造成"烧苗现象"，请分析原因？

(4）在"观察植物细胞质壁分离和复原"实验中，若把洋葱表皮细胞先用盐酸处理，再做实验，能否出现质壁分离和复原现象？若用硝酸钾溶液代替0.3 g/mL蔗糖溶液，则显微镜下观察时，能观察到质壁分离，但过一段时间后会发生质壁分离复原现象，这是为什么？

(5）请你设计一个实验，证明活的成熟的植物细胞的渗透吸水过程。

这样设计出的"阶梯式"问题，问题逐个深入，步步提高，体现出与学生认知规律的一致性，有效地引导着学生的思维活动向纵深处发展。然后教师就根据这些问题的难易度，对不同素质的学生进行提问，让学生主动参与教学过程，让最大面

积的学生在课堂教学提问中受益，从而实现教学质量的提高。

五、创设"最近发展区"问题，减小学生思维跨度

最近发展区理论就是学生已经达到的发展水平与将要达到的发展水平之间的距离，或者是学生现有发展水平与潜在的发展水平的差距。教师要针对教学内容的重点和难点基础上，在分析不同层次的高中学生现有的生物学知识水平、认知结构、认知能力及思维方法等方面与将要学习的新知识在这些方面存在的差距，精心设计出课堂教学提问，便可以缩小学生思维跨度。

【案例】在学了"减数分裂与受精作用""DNA的结构和复制""中心法则"后，就可以要求学生联系上述知识回答"为什么子代和亲代极为相似？"这个问题虽有一定难度，但由于是在新的"已知区"和"最近发展区"的交汇点上进行的提问，问题也就较容易得到解决。这样的提问深度恰到好处，学生跳一跳能够得着"果子"，这也将激发学生积极主动地去探求新知识。

总之，在生物教学中，教师不仅要善于发现问题，而且要积极鼓励学生质疑问题、提出问题。正如美国教育家布鲁巴克认为的："最精湛的教育艺术，遵循的最高准则，就是学生自己提出问题，提出一个问题往往比解决一个问题更重要。"在高中学生物学课堂教学中，教师以认知心理为基础，科学创设课堂教学提问，对改善教学行为，培养学生思维品质，促进学生生物科学素养的提升具有重要意义，从而使学生真正成为在学习过程中善于提出问题的主体。

第2节 情境化策略

关于教学情境，德国一位学者有过一句精辟的比喻：将15克的盐放在你面前，无论如何你都难以下咽，但将15克盐放入一碗美味可口的汤中，你就会在享用佳肴时，不知不觉地将15克盐全部吸收了。情境之于知识，犹如汤之于盐，盐要溶入汤中才能被吸收，知识也需要融入情境之中，才能展示出活力和美感，才容易被学生理解、消化、吸收。这就是情境的价值。

心理学研究表明：人的思维总是在一定的问题情境中产生的，思维过程就是不断发展问题和解决问题的过程，问题既是思维的起点，更是思维的动力。生物学核心素养是学生在生物学课程学习过程中逐渐发展起来的，在解决真实情境中的实际问题时所表现出来的价值观念、必备品格和关键能力。情境是实现"价值引领、素

养导向、能力为重、知识为基"的综合考查的载体。因此，在生物课堂教学中努力创设恰当的问题情境，通过问题情境来启发学生进行积极的思维活动，以问题为主线来组织和调控生物课堂教学，能有效地激发学生研究、探讨的兴趣，从而调动学生学习生物学的热情，提高生物学课堂教学的有效性。

一、问题情境的内涵

问题情境是指学生在问题教学中所面临的一种"有目的但不知如何达到"的心理困境。问题情境就是一种心理状态，一种当学生接触到学习内容与其原有认知水平不和谐、不平衡时，学生对疑难问题急需通过解决的心理状态。问题情境作为一种心理困境，由当前学习任务中的新的未知东西、学生探究新知的动机和学生解决当前任务的潜在可能性三者构成。

高考评价体系中所谓的"情境"即"问题情境"，指的是真实的问题背景，是以问题或任务为中心构成的活动场域。"情境活动"是指人们在情境中所进行的解决问题或完成任务的活动。

二、问题情境的分类

1.根据生物学知识运用和产生方式来源不同划分

（1）生活、学习和实践情境。这类情境与日常生活以及生产实践密切相关，考查学生运用所学知识解释生活中的现象、解决生产实践中的问题的能力。

（2）学习探索情境。这类情境源于真实的研究过程或实际的探索过程，涵盖学习探索与科学探究过程中所涉及的问题。必须启动已有知识开展智力活动，同时在解决问题的过程中运用创新的思维方式，才能解决这类情境中的问题。

2.根据情境活动的复杂程度划分

（1）简单的情境活动。简单的情境活动通常只需要调动某一个知识点或某种基本能力就可以解决，主要对应"四翼"（高考的考查要求，即基础性、综合性、应用性、创新性）中的基础性要求，当然有时也包括一定程度的应用型和综合性要求。

（2）复杂的情境活动。复杂的情境活动需要复杂的认知活动才能解决情境中的问题，体现考查"四翼"中的"综合性""应用性"和"创新性"。

三、问题情境的创设原则

1.诱发性原则

生物教学中创设问题情境时，要使所创设的问题情境能诱发学生的认知冲突，造成学生心理上的悬念，从而唤起学生的求知欲、探索欲，激发学生学习生物知识的兴趣。研究表明：在"新旧知识结合点"上产生的问题，最能激发学生的认知冲突。因此，生物问题情境的创设，必须对学生已有的知识经验和教材的内容进行全面科学的分析，找到"新旧知识结合点"，诱发起学生的探索活动。

2.适应性原则

生物教学中问题情境的创设，应根据特定的知识内容和教学目标，使问题适应于学生已有的知识经验、学生的认知发展水平和具体的教学条件，设置难度适宜、对于学生来说"心求通而未得""跳一跳才能摘到桃子"的认知冲突的问题。真正的使问题情境处于"最近发展区"的范围之内，能适度地超越于学生当前的发展水平，又有适度的思维难度。

3.层次性原则

生物教师在创设问题情境时，要尽可能设计出科学的、有梯度的、有层次的问题链。即设计彼此之间存在着逻辑上和难易程度上的层次关系的问题，做好问题之间的衔接和过渡，用组合、铺垫或设台阶等方法来提高问题情境的整体效果。

4.共振性原则

创设的生物问题情境要能够引起学生思维共振，要有利于激发学生自己去发现问题和提出问题，激发学生的思维活动，学生提出的问题越多、越深入，说明其思维越活跃。教学中，由教师提出问题并引导学生得出教师所期望的答案的同时，应该鼓励学生提问题，并以此来了解学生的思维动态。通过师生间的讨论交流，实现思维相互碰撞、启发、引导，从而达到师生思维上的和谐共振。

5.延伸性原则

生物教师所创设的问题情境，在时间上要延伸到过去和未来，在空间上要从课堂延伸到课外，这样，才有利于学生以问题情境为中心线索去阅读资料、思考问题、进行课外实验，并进行自主、独立、系统的自学。例如，在"细胞中的元素和化合物—检测生物组织中的糖类、脂质和蛋白质"教学即将结束时，可设计以下问题以激发学生更高的求知欲，将学习延伸到课外。用下列实验材料做鉴定实验：（1）用绿色叶片做可溶性还原糖的实验；（2）用蓖麻种子做脂肪鉴定实验；（3）用新鲜牛奶做蛋白质鉴定实验。从理论上能否成功？并说明理由。

四、问题情境的创设方法

苏联教育心理学家马丘什金、马赫穆托夫等人提出了问题教学，其核心概念是问题情境，认为教学的关键在于创设问题情境，并提出了创设问题情境的一系列方法：

◆让学生直接面临要进行理论解释的现象或事实；

◆引导学生在完成实践性作业时产生问题情境；

◆布置旨在解释现象或寻求实际运用该现象的途径的问题性作业；

◆激发学生分析生活中的事实或现象，体验关于这些事实的日常概念与科学概念之间的矛盾；

◆提出假设，概述问题，并检验结论，引导学生通过比较发现现象自身的矛盾；

◆引导学生对各种矛盾的事实、现象、数据、行为进行观察、比较、对照，激起客观事实与学生原有知识的冲突；

◆让学生对比已知事实与新事实，并独立做出概括；

◆提出学生依据已有经验不可能正确完成的实际作业，让学生发现自己的错误；

◆给学生介绍看似无法解释却又是科学史上曾导致提出科学性问题的事实；

◆组织学科联系，利用其他学科中与所学教材有联系的事实或资料。

五、问题情境的创设要求

生物学学科核心素养是学生在生物学课程学习过程中逐渐发展起来的，在解决真实情境中的实际问题时所表现出来的价值观念、必备品格和关键能力，是学生知识、能力、情感态度与价值观的综合体现。生物学问题情境的创设，必须围绕课程标准和教学内容来进行，要有利于学生创造性思维的形成和发展。为更好地开展基于真实情境的问题教学，应注意以下几点：

第一，情境应该真实可靠。要以日常生活中或社会实践中常见的生物学相关现象或事实，科学实验的真实研究内容，生物科学史为素材创设情境。情境创设应明确要达成的教学目标，与教学内容密切关联，并符合学生的认知水平。即便是具有虚拟性质的情境，也应该是来自真实世界又高于一般生活的抽象。

第二，情境应该蕴含问题。情境须以问题为导向，通过发现问题和解决问题来发挥情境的价值。要基于情境的复杂性系统设计问题，驱动学生思考讨论、探究实践、开展论证，以帮助学生建构概念、提升观念、磨砺思维、强化责任。

第三，情境应该立意高远。情境和问题应能够引起情感的共鸣，充满人文关怀。真实情境很可能既有科学问题，也有人文、社会问题。教学不仅关注知识的学习，而且有情感态度价值观的渗透，具有更开阔的视野，促进学生的发展。

第四，情境应该讲究关联。从学生已有的知识经验出发，根据知识间的内在关联，寻找知识经验的联系，让情境生成学习材料问题，科学选择情境创设的时机，抓住"最近发展区",巧妙设计认知冲突,引导学生发问与追问;同时,记住教师本身就是一种好的教学情境。

人民教育出版社生物室主任谭永平老师认为,生物学情境创设要避免出现"情境标签化""情境表面化""情境碎片化"和"情境庸俗化",好的生物学教学情境具有以下特点:真实(真情境,不虚假)、理蕴(道理深刻,需要调动思维)、合适(与学生的水平匹配,高半步)、情深(引起情感的共鸣,唤醒经验)、意远(立意高远,促进人的发展)。

六、情境和"四层""四翼"的关系

1. 情境和"四层""四翼"的关系

高考评价体系中的"四层"考查内容和"四翼"考查要求,是通过情境与情境活动两类载体来实现的,即通过选取适宜的素材,再现学科理论产生的场景或是呈现现实中的问题情境,让学生在真实的背景下发挥核心价值的引领作用,运用必备知识和关键能力去解决实际问题,全面综合展现学科素养水平,见表2-1。

表2-1 基于情境和情境活动的命题要求

考查要求"四翼"	考查内容"四层"	考查载体	基于情境活动的命题要求
基础性	构成学科素养基础的必备知识和关键能力	基本层面的问题情境	要求学生调动单一的知识或技能解决问题
综合性	必备知识、关键能力、学科素养、核心价值	综合层面的问题情境	要求学生在正确思想观念引领下,综合运用多种知识或技能解决问题
应用型	必备知识、关键能力、学科素养、核心价值	生活实践的问题情境或学习探索问题情境	要求学生在正确思想观念引领下,综合运用多种知识或技能解决生活实践中的应用性问题
创新性	必备知识、关键能力、学科素养、核心价值	开放性的生活实践问题情境或学习探索问题情境	要求学生在正确思想观念引领下,在开放的综合情境中创造性地解决问题,形成创造性的结果或结论

2. "四层"考查内容及其关系

生物学的关键能力与必备知识,是以学科素养为导向进行界定的。高考评价体系将考查内容定位为应对生活实践、应对未来的学习或者高等教育的学习,聚焦于应对生活实践与学习探索情境中的问题时所需要的知识与能力,即基于学科素养导向确定应考查学科的关键能力与必备知识。

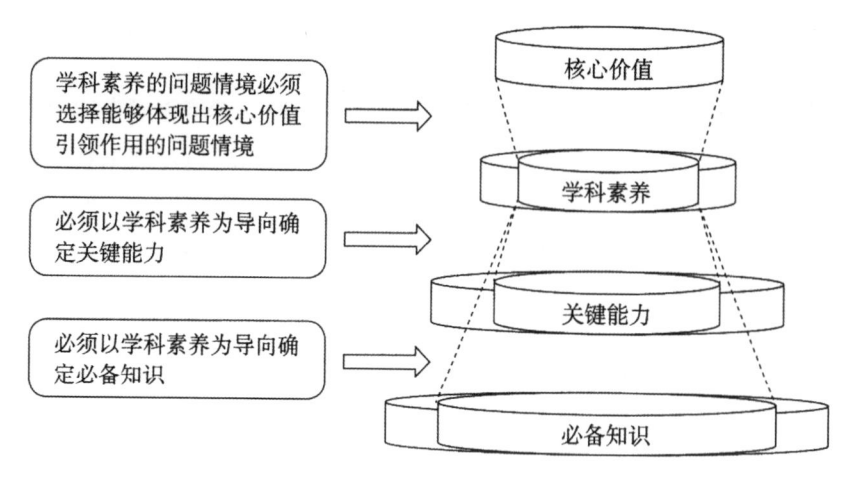

图 2-1 "四层"考查内容及其关系

如图 2-1 所示,"四层"考查内容是既相对独立又密切关联的四个层面,以"学科素养"为连接层实现了四层内容的融会贯通。

3.问题情境的创设实例

(1)以科学实验、农业生产和健康生活有关的情境,考查必备知识、科学思维、科学探究和社会责任。

①科学实验方面:生物学实验操作和有关教材经典实验方面的研究等。

②农业生产方面:生物学原理在农业生产中的广泛运用,如中耕、间作、轮作、施肥、立体农业、大棚种植、生态农业、果园害虫的防治、果实的储藏等。

③健康方面:了解人体的调节机制,学会健康生活,宣传不吸烟、不酗酒、远离毒品、关爱艾滋病患者的社会责任意识等。

(2)以遗传现象为情境(如实验数据的处理,示意图合理的分析,设计实验验证,分析、解析遗传学现象,运用遗传、变异规律作物育种等),考查必备知识、科学思维、科学探究和社会责任。

七、题例赏析

【题例1】2017年,诺贝尔生理学或医学奖授予杰弗里·霍尔、迈克尔·罗斯巴什和迈克尔·杨三位美国科学家,以表彰他们在发现控制昼夜节律机制(生物钟)方面的贡献。他们发现与生物钟有关的基因有 period 基因和 timeless 基因。timeless 基因编码的 TIM 蛋白能与 period 基因编码的 PER 蛋白结合,一起进入细胞核内调节 period 基因的表达,使 PER 蛋白浓度随着昼夜交替,呈现24小时规律性的周期变化。

回答下列问题：

（1）从材料中推测，TIM 蛋白与 PER 蛋白共同调节 period 基因表达过程中的_____环节；生物钟的形成是基因与基因、基因与_____、基因与环境之间相互作用的结果。

（2）含羞草的叶子在白天张开，夜晚闭合。科学家研究发现，含羞草的这种生物钟节律不仅不依赖于光，也不依赖于温度。请你以含羞草为实验材料，证明科学家的研究结果，写出实验思路并预测实验结果。

实验思路：_____。
预测实验结果：_____。

【参考答案】

（1）转录　基因产物

（2）实验思路：取多盆长势相似的含羞草盆栽，分为若干组。第一组盆栽置于自然光照周期下，第二组盆栽罩上暗箱，置于与第一组相同温度的环境中；第三组盆栽置于自然光照周期下，但温度适宜且恒定的环境中；第四组盆栽置于黑暗并保持温度与第三组相同的环境中。每隔一段时间，观察这几组含羞草叶子的开闭情况。

预测实验结果：四组含羞草的叶子在相同的时间开放，相同的时间闭合。

【题例2】　2020 年 2 月 21 日，华东师范大学相关研究人员基于新型冠状病毒（2019-nCoV）表面抗原开发出了灵敏性高的抗体诊断试剂盒，一滴血仅 10 分钟就可以得出检测结果。该试剂盒目前已应用于疑似感染者、密切接触者、确诊病例的临床验证。

（1）2019-nCoV 侵入人体后，通常人体会出现发热的现象，这个过程中，人体体温升高的直接原因是_____。

（2）钟南山院士在采访中多次建议人们出门要戴口罩，请从免疫系统抵御病原体攻击的角度分析原因是_____。

（3）根据信息，请写出该试剂盒能精确诊断的免疫学原理_____。

【参考答案】

（1）产热量大于散热量；（2）口罩可以有效阻止病毒从外界与人体的第一道免疫防线（皮肤、黏膜）相接触；（3）抗原与抗体特异性结合。

【题例3】肾上腺素和迷走神经都参与兔血压的调节，回答相关问题：

（1）给实验兔静脉注射 0.01% 的肾上腺素 0.2 mL 后，肾上腺素作用于心脏，心脏活动加强加快使血压升高。在这个过程中，肾上腺素作为激素起作用，心脏是肾上腺素作用的____，肾上腺素对心脏起作用后被____，血压恢复。肾上腺素的作用是＿＿（填"催化""供能"或"传递信息"）。

（2）剪断实验兔的迷走神经后刺激其靠近心脏的一端，迷走神经末梢释放乙酰胆碱，使心脏活动减弱减慢、血压降低。在此过程中，心脏活动的调节属于＿＿调节。乙酰胆碱属于＿＿（填"酶""神经递质"或"激素"），需要与细胞膜上的＿＿结合才能发挥作用。

（3）肾上腺素和乙酰胆碱在作用于心脏、调节血压的过程中所具有的共同特点是＿＿＿＿（答出一个特点即可）。

【解析】（1）肾上腺素作用于心脏，心脏活动加强加快使血压升高，该过程中，心脏是肾上腺素的靶器官，肾上腺素发挥作用后即被灭活，血压恢复。肾上腺素是一种可调节细胞代谢的信息分子，其功能是传递信息。

（2）"剪断实验兔的迷走神经后刺激其靠近心脏的一端，迷走神经末梢释放乙酰胆碱，使心脏活动减弱减慢、血压降低"，这句话中的关键语句是"迷走神经末梢释放乙酰胆碱"，故该过程中的调节方式属于神经调节。乙酰胆碱属于兴奋性神经递质，需要与靶细胞膜上的特异性受体结合才能发挥作用。

（3）由题干分析可知，乙酰胆碱对心脏的作用表现为抑制作用，也就是心肌收缩力下降，心率减慢和传导抑制，表现在心输出量上就是减少。肾上腺素对心脏的作用为兴奋作用，加强心肌收缩力，加快传导，心率加快和提高心肌的兴奋性，心肌收缩力增加，心率加快就表现为心输出量增加。它们各自与自己的受体结合后才能表现出相应的作用，同时二者分别与靶细胞结合发挥作用后都会被灭活。

第3节　大概念策略

一、大概念的含义和层级体系

1.含义

生物学学科"大概念"是生物学学科的核心概念或生命观念，处于学科中心位置，反映了学科本质，凝聚着本学科的核心价值，是学科思想、学科知识和学科能力的集中体现，是生物学的基础和精髓。

2.层级体系

高中生物学课程的必修课程和选择性必修课程是围绕着生物学大概念、生物学重要概念和生物学次位概念而展开的，内容要求基于大概念描述了具有学科逻辑、符合高中学生认知特点的重要概念，形成了课程的内容框架，见图2-2。

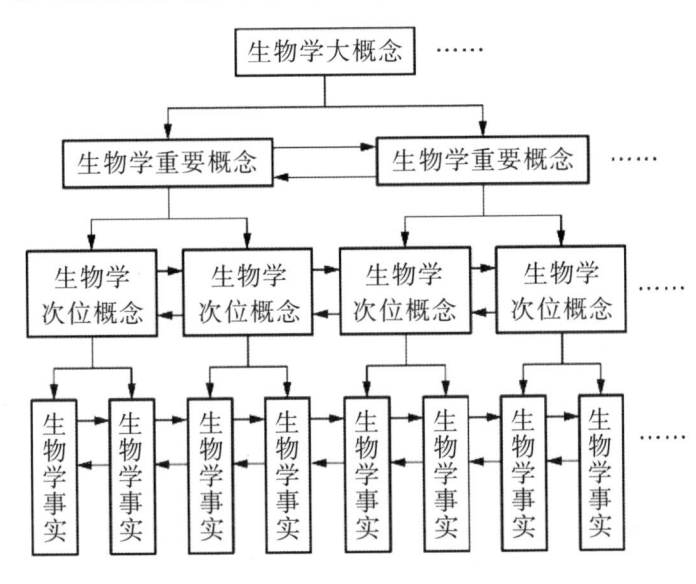

图2-2 生物学知识的层级体系

二、高中生物学概念的具体分布和种类

生物学概念是通过抽象、概括而形成的对生物学现象、本质特征或共同属性的反映，是反映生命现象和生命活动规律本质属性的一种思维形式。作为学科的核心素养，学生在生物课程中理解并接受一个"大概念"，在大脑中保留和应用时间为40年，对"重要概念"保留40个月，对"次位概念"的保留时间是40周或更长。

高中生物学课程分为必修、选择性必修和选修三个部分，涉及的概念有161个。大概念10个，重要概念31个，次位概念120个，其中必修和选择性必修课程的模块聚焦大概念。具体分布见表2-2：

表2-2 高中生物学教材各模块有关概念分布

	必修课程		选择性必修课程		
	模块1 分子与细胞	模块2 遗传与变异	模块1 稳态与调节	模块2 生态与环境	模块3 生物技术与工程
大概念	2	2	1	1	4
重要概念	6	5	6	4	10
次位概念	23	22	23	22	30

（一）必修课程的内容要求（见表2-3、表2-4）

1. 模块1

表2-3 分子与细胞

生物学大概念	生物学重要概念	生物学次位概念
概念1 细胞是生物体结构与生命活动的基本单位	(1)细胞由多种多样的分子组成，包括水、无机盐、糖类、脂质、蛋白质和核酸等，其中蛋白质和核酸是两类最重要的生物大分子	①说出细胞主要由C、H、O、N、P、S等元素构成，它们以碳链为骨架形成复杂的生物大分子 ②指出水大约占细胞重量的2/3，以自由水和结合水的形式存在，赋予了细胞许多特性，在生命中具有重要作用 ③举例说出无机盐在细胞内含量虽少，但与生命活动密切相关 ④概述糖类有多种类型，它们既是细胞的重要结构成分，又是生命活动的主要能源物质 ⑤举例说出不同种类的脂质对维持细胞结构和功能有重要作用 ⑥阐明蛋白质通常由20种氨基酸分子组成，它的功能取决于由氨基酸序列及其形成的空间结构，细胞的功能主要由蛋白质完成 ⑦概述核酸由核苷酸聚合而成，是储存与传递遗传信息的生物大分子
	(2)细胞各部分结构既分工又合作，共同执行细胞的各项生命活动	①概述细胞都由质膜包裹，质膜将细胞与其生活环境分开，能控制物质进出，并参与细胞间的信息交流 ②阐明细胞内具有多个相对独立的结构，担负着物质运输、合成与分解、能量转换和信息传递等生命活动 ③阐明遗传信息主要储存在细胞核中 ④举例说明细胞各部分结构之间相互联系、协调一致，共同执行细胞的各项生命活动
	(3)各种细胞具有相似的基本结构，但在形态与功能上有所差异	①说明有些生物体只有一个细胞，而有的由很多细胞构成。这些细胞形态和功能多样，但都具有相似的基本结构 ②描述原核细胞与真核细胞的最大区别是原核细胞没有由核膜包被的细胞核
概念2 细胞的生存需要能量和营养物质，并通过分裂实现增殖	(1)物质通过被动运输、主动运输等方式进出细胞，以维持细胞的正常代谢活动	①阐明质膜具有选择透过性 ②举例说明有些物质顺浓度梯度进出细胞，不需要额外提供能量；有些物质逆浓度梯度进出细胞，需要能量和载体蛋白 ③举例说明大分子物质可以通过胞吞、胞吐进出细胞

(续表)

生物学大概念	生物学重要概念	生物学次位概念
	(2)细胞的功能绝大多数基于化学反应,这些反应发生在细胞的特定区域	① 说明绝大多数酶是一类能催化生化反应的蛋白质,酶活性受到环境因素(如pH和温度等)的影响 ② 解释ATP是驱动细胞生命活动的直接能源物质 ③ 说明植物细胞的叶绿体从太阳光中捕获能量,这些能量在二氧化碳和水转变为糖与氧气的过程中,转化并储存为糖分子中的化学能 ④ 说明生物通过细胞呼吸将储存在有机分子中的能量转化为生命活动可以利用的能量
	(3)细胞会经历生长、增殖、分化、衰老和死亡等生命进程	① 描述细胞通过不同的方式进行分裂,其中有丝分裂保证了遗传信息在亲代和子代细胞中的一致性 ② 说明在个体发育过程中,细胞在形态、结构和功能方面发生特异性的分化,形成了复杂的多细胞生物体 ③ 描述在正常情况下,细胞衰老和死亡是一种自然的生理过程

2. 模块2

表2-4 遗传与进化

生物学大概念	生物学重要概念	生物学次位概念
概念3 遗传信息控制生物性状,并代代相传	(1)亲代传递给子代的遗传信息主要编码在DNA分子上	①概述多数生物的基因是DNA分子的功能片段,有些病毒的基因在RNA分子上 ②概述DNA分子是由四种脱氧核苷酸构成,通常由两条碱基互补配对的反向平行长链形成双螺旋结构,碱基的排列顺序编码了遗传信息 ③ 概述DNA分子通过半保留方式进行复制 ④概述DNA分子上的遗传信息通过RNA指导蛋白质的合成,细胞分化的本质是基因选择性表达的结果,生物的性状主要通过蛋白质表现 ⑤概述某些基因中碱基序列不变但表型改变的表观遗传现象
	(2)有性生殖中基因的分离和重组导致双亲后代的基因组合有多种可能	① 阐明减数分裂产生染色体数量减半的精细胞或卵细胞 ② 说明进行有性生殖的生物体,其遗传信息通过配子传递给子代 ③ 阐明有性生殖中基因的分离和自由组合使得子代的基因型和表型有多种可能,并可由此预测子代的遗传性状 ④ 概述性染色体上的基因传递和性别相关联

(续表)

生物学大概念	生物学重要概念	生物学次位概念
	(3)由基因突变、染色体变异和基因重组引起的变异是可以遗传的	①概述碱基的替换、插入或缺失会引发基因中碱基序列的改变 ②阐明基因中碱基序列的改变有可能导致它所编码的蛋白质及相应的细胞功能发生变化,甚至带来致命的后果 ③描述细胞在某些化学物质、射线以及病毒的作用下,基因突变概率可能会提高,而某些基因突变能导致细胞分裂失控,甚至发生癌变 ④阐明进行有性生殖的生物在减数分裂过程中,染色体所发生的自由组合和交叉互换,会导致控制不同性状的基因重组,从而使子代出现变异 ⑤举例说明染色体结构和数量的变异都可能导致生物性状的改变甚至死亡 ⑥举例说明人类遗传病是可以检测和预防的
概念4 生物的多样性和适应性是进化的结果	(1)地球上的现存物种丰富多样,它们来自共同祖先	①尝试通过化石记录、比较解剖学和胚胎学等事实,说明当今生物具有共同的祖先 ②尝试通过细胞生物学和分子生物学等知识,说明当今生物在新陈代谢、DNA的结构与功能等方面具有许多共同特征
	(2)适应是自然选择的结果	①举例说明种群内的可遗传变异将赋予某些个体在特定环境中的生存和繁殖优势 ②阐明具有优势性状的个体在种群中所占比例将会增加 ③说明自然选择促进生物更好地适应特定的生存环境 ④概述现代生物进化理论以自然选择学说为核心,为地球上的生命进化史提供了科学的解释 ⑤阐述变异、选择和隔离可导致物种形成

(二)选择性必修课程的内容要求(见表2-5、表2-6、表2-7)

1.模块1

表2-5 稳态与调节

生物学大概念	生物学重要概念	生物学次位概念
概念1 生命个体的结构与功能相适应,各结构协调统一共同完成复杂的生命活动,并通过一定的调节机制保持稳态	(1)内环境为机体细胞提供适宜的生存环境,机体细胞通过内环境与外界环境进行物质交换	①说明血浆、组织液和淋巴等细胞外液共同构成高等动物细胞赖以生存的内环境 ②阐明机体细胞生活在内环境中,通过内环境与外界环境进行物质交换,同时也参与内环境的形成和维持 ③简述机体通过呼吸、消化、循环和泌尿等系统参与内、外环境间的物质交换

(续表)

生物学大概念	生物学重要概念	生物学次位概念
	(2)内环境的变化会引发机体的自动调节,以维持内环境的稳态	①以血糖、体温、pH和渗透压等为例,阐明机体通过调节作用保持内环境的相对稳定,以保证机体的正常生命活动 ②举例说明机体不同器官、系统协调统一地共同完成各项生命活动,是维持内环境稳态的基础
	(3)神经系统能够及时感知机体内、外环境的变化,并作出反应调控各器官、系统的活动,实现了机体稳态	①概述神经调节的基本方式是反射(可分为条件反射和非条件反射),其结构基础是反射弧 ②阐明神经细胞膜内外在静息状态具有电位差,受到外界刺激后形成动作电位,并沿神经纤维传导 ③阐明神经冲动在突触处的传递通常通过化学传递方式完成 ④分析位于脊髓的低级神经中枢和脑中相应的高级神经中枢相互联系、相互协调,共同调控器官和系统的活动,维持机体的稳态 ⑤举例说明中枢神经系统通过自主神经来调节内脏的活动 ⑥简述语言活动和条件反射是由大脑皮层控制的高级神经活动
	(4)内分泌系统产生的多种类型的激素,通过体液传送而发挥调节作用,实现机体稳态	①说出人体内分泌系统主要由内分泌腺组成,包括垂体、甲状腺、胸腺、肾上腺、胰岛和性腺等多种腺体,它们分泌的各类激素参与生命活动的调节 ②举例说明激素通过分级调节、反馈调节等机制维持机体的稳态,如甲状腺激素分泌的调节和血糖平衡的调节等 ③举例说出神经调节与体液调节相互协调共同维持机体的稳态,如体温调节和水盐平衡的调节等 ④举例说明其他体液成分参与稳态的调节,如二氧化碳对呼吸运动的调节
	(5)免疫系统能够抵御病原体的侵袭,识别并清除机体内衰老、死亡或异常的细胞,实现机体稳态	①举例说明免疫细胞、免疫器官和免疫活性物质等是免疫调节的结构与物质基础 ②概述人体的免疫包括生来就有的非特异性免疫和后天获得的特异性免疫 ③阐明特异性免疫是通过体液免疫和细胞免疫两种方式,针对特定病原体发生的免疫应答 ④举例说明免疫功能异常可能引发疾病,如过敏、自身免疫病、艾滋病和先天性免疫缺陷病等
	(6)植物生命活动受到多种因素的调节,其中最重要的是植物激素的调节	①概述科学家经过不断的探索,发现了植物生长素,并揭示了它在调节植物生长时表现出两重性,既能促进生长,也能抑制生长 ②举例说明几种主要植物激素的作用,这些激素可通过协同、拮抗等方式共同实现对植物生命活动的调节 ③举例说明生长素、细胞分裂素、赤霉素、脱落酸和乙烯等植物激素及其类似物在生产上得到了广泛应用 ④概述其他因素参与植物生命活动的调节,如光、重力和温度等

2.模块2

表2-6 生物与环境

生物学大概念	生物学重要概念	生物学次位概念
概念2 生态系统中的各种成分相互影响,共同实现系统的物质循环、能量流动和信息传递,生态系统通过自我调节保持相对稳定的状态	(1) 不同种群的生物在长期适应环境和彼此相互适应的过程中形成动态的生物群落	①列举种群具有种群密度、出生率和死亡率、迁入率和迁出率、年龄结构、性别比例等特征 ②尝试建立数学模型解释种群的数量变动 ③举例说明阳光、温度和水等非生物因素以及不同物种之间的相互作用都会影响生物的种群特征 ④描述群落具有垂直结构和水平结构等特征,并可随时间而改变 ⑤阐明一个群落替代另一个群落的演替过程,包括初生演替和次生演替两种类型 ⑥分析不同群落中的生物具有与该群落环境相适应的形态结构、生理特征和分布特点
	(2) 生物群落与非生物的环境因素相互作用形成多样化的生态系统,完成物质循环、能量流动和信息传递	①阐明生态系统由生产者、消费者和分解者等生物因素以及阳光、空气、水等非生物因素组成,各组分紧密联系使生态系统成为具有一定结构和功能的统一体 ②讨论某一生态系统中生产者和消费者通过食物链和食物网联系在一起形成复杂的营养结构 ③分析生态系统中的物质在生物群落与无机环境之间不断循环,能量在生物群落中单向流动并逐级递减的规律 ④举例说明利用物质循环和能量流动规律,人们能够更加科学、有效地利用生态系统中的资源 ⑤解释生态金字塔表征了食物网各营养级之间在个体数量、生物量和能量方面的关系 ⑥阐明某些有害物质会通过食物链不断地富集的现象 ⑦举例说出生态系统中物理、化学和行为信息的传递对生命活动的正常进行、生物种群的繁衍和种间关系的调节起着重要作用 ⑧分析特定生态系统的生物与非生物因素决定其营养结构
	(3) 生态系统通过自我调节作用抵御和消除一定限度的外来干扰,保持或恢复自身结构和功能的相对稳定	①解释生态系统具有保持或恢复自身结构和功能相对稳定,并维持动态平衡的能力 ②举例说明生态系统的稳定性会受到自然或人为因素的影响,如气候变化、自然事件、人类活动或外来物种入侵等 ③阐明生态系统在受到一定限度的外来干扰时,能够通过自我调节来维持稳定

(续表)

生物学大概念	生物学重要概念	生物学次位概念
	(4)人类活动对生态系统的动态平衡有着深远的影响,依据生态学原理保护环境是人类生存和可持续发展的必要条件	①探讨人口增长会对环境造成压力 ②关注全球气候变化、水资源短缺、臭氧层破坏、酸雨、荒漠化和环境污染等全球性环境问题对生物圈的稳态造成威胁,同时也对人类的生存和可持续发展造成影响 ③概述生物多样性对维持生态系统的稳定性以及人类生存和发展的重要意义,并尝试提出人与环境和谐相处的合理化建议 ④举例说明根据生态学原理、采用系统工程的方法和技术,达到资源多层次和循环利用的目的,使特定区域中的人和自然环境均受益 ⑤形成"环境保护需要从我做起"的意识

3. 模块3

表2-7 生物技术与工程

生物学大概念	生物学重要概念	生物学次位概念
概念3 发酵工程利用微生物的特定功能规模化生产对人类有用的产品	(1)获得纯净的微生物培养物是发酵工程的基础	①阐明在发酵工程中灭菌是获得纯净的微生物培养物的前提 ②阐明无菌技术是在操作过程中,保持无菌物品与无菌区域不被微生物污染的技术 ③举例说明通过调整培养基的配方可有目的地培养某种微生物 ④概述平板画线法和稀释涂布平板法是实验室中进行微生物分离和纯化的常用方法 ⑤概述稀释涂布平板法和显微镜计数法是测定微生物数量的常用方法
	(2)发酵工程为人类提供多样的生物产品	①举例说明日常生活中的某些食品是运用传统发酵技术生产的 ②阐明发酵工程利用现代工程技术及微生物的特定功能,工业化生产人类所需产品 ③举例说明发酵工程在医药、食品及其他工农业生产上有重要的应用价值

· 47 ·

(续表)

生物学大概念	生物学重要概念	生物学次位概念
概念4 细胞工程通过细胞水平上的操作，获得有用的生物体或其产品	(1)植物细胞工程包括组织培养和体细胞杂交等技术	①阐明植物组织培养是在一定条件下，将离体植物器官、组织和细胞在适宜的培养条件下诱导形成愈伤组织，并重新分化，最终形成完整植株的过程 ②概述植物体细胞杂交是将不同植物体细胞在一定条件下融合成杂合细胞，继而培育成新植物体的技术 ③举例说明植物细胞工程利用快速繁殖、脱毒、次生代谢产物生产、育种等方式有效提高了生产效率
	(2)动物细胞工程包括细胞培养、核移植、细胞融合和干细胞的应用等技术	①阐明动物细胞培养是从动物体获得相关组织，分散成单个细胞后，在适宜的培养条件下让细胞生长和增殖的过程。动物细胞培养是动物细胞工程的基础 ②阐明动物细胞核移植一般是将体细胞核移入一个去核的卵母细胞中，并使重组细胞发育成新胚胎，继而发育成动物个体的过程 ③阐明动物细胞融合是指通过物理、化学或生物学等手段，使两个或多个动物细胞结合形成一个细胞的过程 ④概述细胞融合技术是单克隆抗体制备的重要技术 ⑤简述干细胞在生物医学工程中有着广泛的应用价值
	(3)对动物早期胚胎或配子进行显微操作和处理以获得目标个体	①简述胚胎形成经过了受精及早期发育等过程 ②简述胚胎工程包括体外受精、胚胎移植和胚胎分割等技术
概念5 基因工程赋予生物新的遗传特性	(1)基因工程是一种重组DNA技术	①概述基因工程是在遗传学、微生物学、生物化学和分子生物学等学科基础上发展而来的 ②阐明DNA重组技术的实现需要利用限制性内切核酸酶、DNA连接酶和载体三种基本工具 ③阐明基因工程的基本操作程序主要包括目的基因的获取、基因表达载体的构建、目的基因导入受体细胞和目的基因及其表达产物的检测鉴定等步骤 ④举例说明基因工程在农牧、食品及医药等行业的广泛应用改善了人类的生活品质
	(2)蛋白质工程是基因工程的延伸	①概述人们根据基因工程原理，进行蛋白质设计和改造，可以获得性状和功能更符合人类需求的蛋白质 ②举例说明依据人类需要对原有蛋白质结构进行基因改造、生产目标蛋白的过程

(续表)

生物学大概念	生物学重要概念	生物学次位概念
概念6 生物技术在造福人类社会的同时也可能会带来安全与伦理问题	(1)转基因产品的安全性引发社会的广泛关注	①举例说出日常生活中的转基因产品 ②探讨转基因技术在应用过程中带来的影响
	(2)中国禁止生殖性克隆人	①举例说出生殖性克隆人面临的伦理问题 ②分析说明我国为什么不赞成、不允许、不支持、不接受任何生殖性克隆人实验
	(3)世界范围内应全面禁止生物武器	①举例说明历史上生物武器对人类造成了严重的威胁与伤害 ②认同我国反对生物武器及其技术和设备的扩散

三、围绕概念教学的问题线索

概念的学习始于问题，大概念是在解决一系列问题的过程中，一步一步概括出来的。概念体系的建立，应围绕若干问题展开，《普通高中生物学课程标准（2017年版）解读》列出了《生物学》（人教版）各模块所列出的问题线索，教师在相关模块教学中，可以围绕相关问题来展开设计。

1.《生物学》必修1模块

（1）细胞是由哪些分子组成的？为什么需要这些物质？蛋白质和核酸等生物大分子的结构特点有哪些？怎样检测细胞的组成成分？

（2）细胞的化学成分是如何构成细胞的？细胞中各种结构的主要功能是什么？各种结构间功能上有哪些联系？

（3）不同生物的细胞一样吗？它们的区别和联系是什么？复杂生物体内细胞数以亿万计，它们有无区别？又是如何联系的？为什么细胞是生物体结构和功能的基本单位，而不是蛋白质、核酸等分子，也不是组织、器官等结构？

（4）细胞生活在环境中，在物质和能量上是如何保持相对独立性的？又是如何与环境进行物质和能量交换的？

（5）细胞从环境中获取的物质和能量，在细胞内会发生怎样的转变？这些转变为什么不能在细胞外发生？

（6）有哪些事实表明细胞具有共同的生命历程？生命为什么能生生不息？生物体生长发育等现象与细胞的生命历程中的哪些环节有关？对生命的意义是什么？其

实践意义又如何？

2.《生物学》必修2模块

（1）科学家是怎样证明DNA是遗传物质的？为什么说DNA是主要的遗传物质？

（2）DNA为什么能作为遗传物质？它的哪些结构特点与储存丰富的遗传信息相适应？

（3）亲代、子代间的DNA分子怎样保持其连续性？科学家对DNA分子的复制作出了哪些推测？如何证明DNA分子是半保留复制的？复制的过程是怎样的？

（4）遗传物质是怎样控制生物性状的？蛋白质与性状的表现是什么关系？在细胞中基因是怎样控制蛋白质合成的？细胞中的哪些结构直接参与了蛋白质的合成？

（5）有性生殖主要包含哪些重要环节？减数分裂和受精作用的生物学意义是什么？减数分裂过程中染色体发生了怎样的变化？染色体与基因有何关系？

（6）孟德尔是如何发现分离规律和自由组合规律的？这些规律与减数分裂中染色体的变化是什么关系？遗传规律的揭示有何理论和实践价值？在实践中又有哪些应用？

（7）为什么有些性状的遗传总是与性别相关联？性别是如何决定的？性染色体上的基因遗传有何特点？伴性遗传的研究有何价值？在实践中有何应用？

（8）变异现象是如何产生的？为什么有些变异不能遗传，有些变异可以遗传？可遗传变异有哪些类型？怎样判别？

（9）基因结构可能会发生哪些改变？这些改变的遗传效应是怎样的？怎样的改变可能引发细胞癌变？影响基因结构改变的内外因素有哪些？其研究的价值是什么，有何实践意义？

（10）染色体变异与基因突变有哪些区别和联系？染色体变异的研究有何实践应用？

（11）人类遗传病与变异有何关系？如何检测和预防？在实践中有何应用？

（12）为什么说现存生物都来自共同祖先？有哪些经典的事实证招？现代生物学研究是否支持这一观点？

（13）遗传和变异与生物进化有何关系？为什么生物朝着适应的方向发展？生物进化理论是如何解释进化机制的？新物种是如何形成的？生物多样性是如何产生的？

（14）生物多样性包括哪些？人类的生存、社会的可持续发展与生物多样性有何关系？

3.《生物学》选择性必修1模块

（1）单细胞生物体通过质膜直接与外界进行物质交换，多细胞生物体内组胞如何与外界进行物质交换？人和高等动物体内细胞直接接触的内环境具体有哪些？它们之间有何联系？内环境怎样与外环境进行物质交换？

（2）内环境的化学组成和理化性质如何？外界环境和机体内部哪些物质和能量变化会干扰内环境的组成和性质？它实际处于怎样的状态？内环境变化对机体会产生哪些影响？机体通过怎样的调节机制，通过哪些结构和功能维持内环境的稳态？

（3）神经系统如何感知内外环境变化的信息，通过何种途径和方式传递信息、通过哪些结构做出调节反应，效应如何？神经系统如何实现对躯体运动和内脏活动的调节？低级中枢和高级中枢怎样相互联系、相互协调以实现调节？人类的语言、学习和记忆等高级神经活动的基础是什么？

（4）内分泌系统如何参与调节？它是如何感知信息、传递信息的？如何调节机体活动维持内环境的稳态？激素是如何发现的？激素调节的特点有哪些？神经调节和体液调节有哪些区别和联系？相关研究有何实践意义？

（5）内、外环境中哪些因素的变化，需要免疫调节来应对？免疫调节的物质和结构基础是什么？特异性免疫和非特异性免疫的区别和联系如何？特异性免疫如何实现？免疫失调会导致哪些疾病？免疫学研究有哪些实践应用？

（6）植物激素是如何发现的？都有哪些主要的植物激素？各种激素间有何关系？除植物激素外、还有哪些因素参与植物生命活动的调节？植物生命活动调节的研究成果在实践中有哪些应用？

4.《生物学》选择性必修2模块

（1）任何生物个体都不可能长期孤立存在，只有在一定的群体中，并与之发生相互作用成为统一的整体，才能生存和繁衍，群体的形式有哪些？如何理解种群、群落和生态系统属于不同层次的生命系统？它们的区别和联系是怎样的？如何研究群体的生命规律？

（2）种群有哪些特征指标？它们与种群数量的变化有何关系？种群的数量变化有哪些规律？这些规律的表现需要怎样的条件？在实践中有何应用？

（3）研究群落应研究哪些内容？群落的组成、种间关系、无机环境等怎样影响群落的特征？环境如何影响群落的演替过程？群落的研究有哪些应用？

（4）研究生态系统应研究哪些内容？怎样理解生产者、消费者、分解者和非生命的物质和能量是生态系统中结构和功能的统一体？在生态系统中是如何进行物质循环、能量流动和信息传递的？有怎样的规律？在实践中有哪些应用？

（5）生态系统中的各种组成因素是不断变化的，它怎样维持稳态和平衡？调节机制是什么？在实践中有何应用？

（6）人口增长、生产活动引发了哪些全球性的生态环境问题，对生态系统的稳定与平衡会带来哪些干扰和威胁？应改变哪些生产方式及采取哪些措施保护环境？

四、建构概念图

概念图是一种围绕特定的主题创建的知识结构图，能够以直观形象的方式表达知识结构，有效呈现思考过程及知识的关联。其结构包括概念、连接和层级结构，在概念图中，连接表示不同知识领域概念之间的相互关系；层级结构是概念的展现方式。(1) 把含义最广，最有包含性的概念也就是核心概念放在图的顶端。(2) 下一层是一般概念，再下一层是具体概念；用线条把概念连接起来，并用连接词注明连接，连接词应能说明两个概念之间的关系。(3) 把说明概念的具体例子写在概念旁。

【题例1】请尝试绘出"细胞的生物膜系统"概念图。

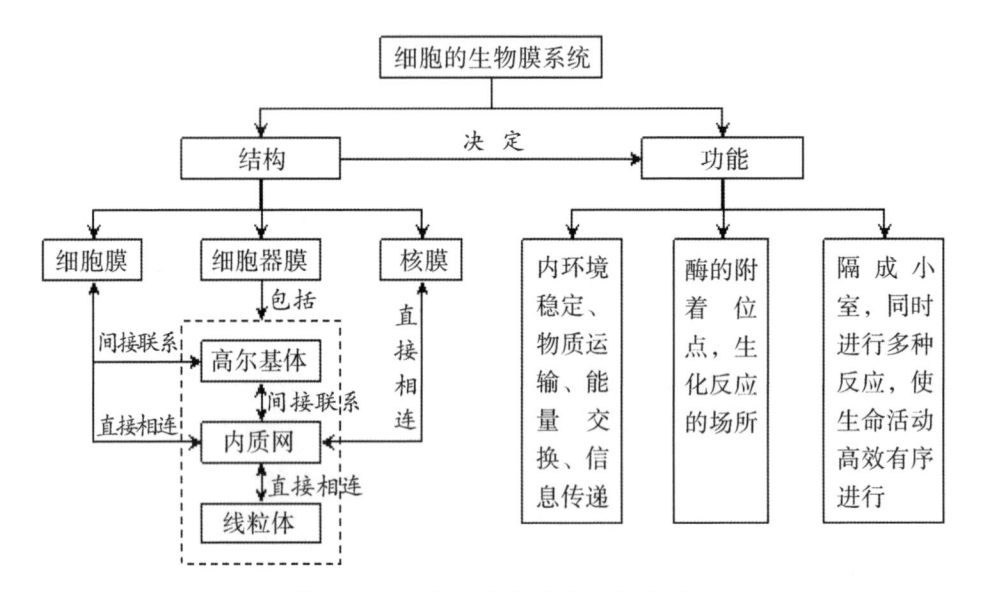

图2-3　细胞的生物膜系统概念图

五、单元化教学设计

生物学"大概念"是组成核心素养的抽象知识，是跨模块、跨课时的，通常一个课时难以实现教学目标。单元化教学设计注重学科组织化、结构化知识的建构，打破以知识点为中心的碎片化的课堂教学，有利于对知识的深入理解和迁移应用，有助于发展学生的生物学素养。有助于教师突破"只见树木不见森林"的课时思维，帮助学生建立生物学概念，建构合理的知识框架，实现对课堂教学的转型。

教师在设计和组织每个单元的教学活动时，应该围绕大概念和重要概念展开，依据重要概念精选恰当的教学活动内容和活动方式，其教学策略既可以是讲解、演示、讨论，也可以是基于学生动手活动或对资料的分析及探究，所有的教学活动都要有利于促进学生对生物学概念的建立、理解和应用。开展单元教学设计应把握以下四点：

第一，选择单元教学主题。单元教学主题组织的思路一般有：

（1）按照教材章节的主要内容来组织。例如，在细胞代谢的基础上，构建细胞的生命历程单元。

（2）按照学科核心素养发展的进阶来组织。例如，在复习教学时，以"稳态与平衡观"为主线，探讨细胞、个体、种群、群落和生态系统水平上稳态与平衡。

（3）按照项目任务来组织。例如，在发酵工程教学中，围绕"以获得某种纯净的微生物培养物"的目标任务，安排3~5个学生结成小组，连续6~8学时，开展项目研究。

第二，确定单元教学目标。依据课程标准的要求，分析教学内容的深度、广度和关联度，把握其育人价值，分析其能承载的最大教学目标。然后根据学情，确定实际教学能达成的单元教学目标。

第三，设计单元学习活动。学习活动应该具有连续性、进阶性和内在逻辑性。例如，"细胞生命活动的历程"单元，在解决"细胞通过分裂增殖"任务时，可以设计尝试构建细胞分裂各时期染色体行为的模型、观察根尖细胞的有丝分裂、构建细胞有丝分裂过程中染色体和核DNA数量变化的数学模型等活动。

第四，规划单元形成性评价。尤其是对学生完成任务过程中的科学思维水平、对知识的深入理解和迁移应用、对生物学思想方法的体会程度等进行表现性评价。通过评价达成"教—学—评"一致，促进学生核心素养的发展。

教学教师在大概念教学中要有前瞻性和整体性，要有确实的教学定位，清楚知识定位，在整体中达到由浅到深的学习，要"从上到下"，从宏观—中观—微观将教材进行演绎，清楚自己所教内容在整个教学中的位置，而学生的学应"由下而上"，即从情境、生物学现象、教学活动等入手，帮助学生获得直接经验，通过解决问题形成次位概念，在足够感性认识的基础上，层层递进，将碎片化知识构成重要概念，最终形成核心概念。在设计生物学的单元学习任务或活动时，首先要转变观念，从"先记住知识再提高能力"转向"在解决问题中获得知识、发展能力"。这种符合实际的学习是更有意义的。

生物学教师要重点研究怎样选择好的情境素材，怎样设计与学习内容相符的学习任务，预设学生完成任务的过程中可能会遇到哪些问题，课程会生成哪些问题，怎样引导学生从关注实践、经验本身上升到关注思维方法，应该给予学生什么样的支持，这样的学习效果如何。

六、题例赏析

【题例1】图2-4为高考评价体系、新高考生物科、现行高考生物科关键能力映射图。在高考总复习时,生物学教师可以围绕新高考生物科关键能力中的理解能力、实验探究能力、解决问题能力和创新能力来创设单元教学。

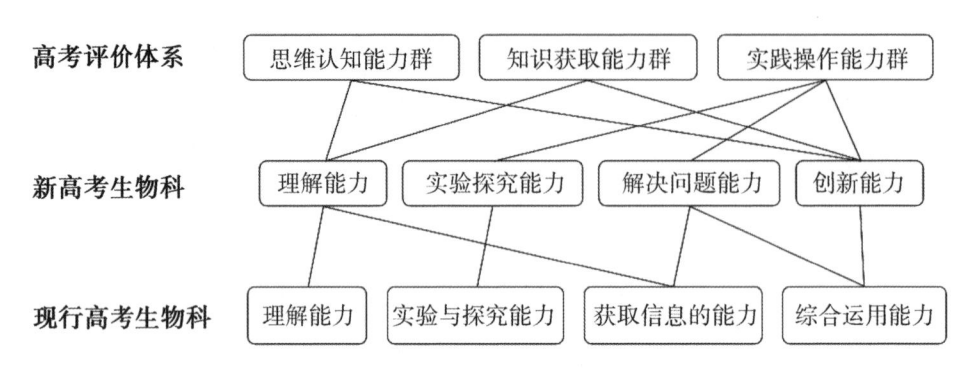

图2-4 高考评价体系、新高考生物科、现行高考生物科关键能力映射图

【题例2】设计"稳态"概念进行单元教学

(1) 在分子水平上,存在基因表达的稳态、激素分泌的稳态、酶活性的稳态等。

(2) 在细胞水平上,存在细胞的分裂和分化的稳态等;在器官水平上,存在心脏活动的稳态(血压、心率)、消化腺分泌的稳态等。

(3) 在群体水平上,种群数量的变化存在稳态。

(4) 生态系统的结构和功能也存在稳态。

【题例3】"生态系统的确定性"单元教学目标的制定

1.通过对案例的分析讨论,能用物质和能量的输入和输出平衡观点,认识具体生态系统的稳定性。

2.通过对生态系统各种成分功能和营养结构关系的讨论,以及运用反馈调节原理,能初步判断不同生态系维持其稳定性的相对能力。

3.能够根据生态系统各种成分、结构以及数量关系构建稳定性生态系统模型,并创作简易生态瓶。

4.能够为常见生态系统的合理利用和维持可持续发展提出有价值的建议。

说明:本题例中的教学目标,是依据内容要求、学业要求和学业质量标准,围绕培养学生核心素养的要求制定的。目标1着重体现了"生命观念"的要素;目标2着重反映了"科学思维"的要素;目标3和目标4分别着重指向"科学探究"和"社会责任"。这四个目标之间相互也有交叉，每个目标中可能还含有对其他素养的要求。核心素养几个要素的协调发展是学生品格和认识问题、解决问题能力的具体表现，是制定教学目标的出发点和课堂教学活动实施的落脚点。

第4节 深度教学策略

一、深度教学的含义

所谓"深度教学"，是指教师借助一定的活动情境带领学生超越表层的知识符号学习，进入知识内在的逻辑形式和意义领域，挖掘知识内涵的丰富价值，完整地实现知识教学对学生的发展价值。核心素养理念下的高中生物学深度教学，是指在培养学生高中生物学核心素养的教学过程中，教师引导学生在思维层面、知识层面以及思想层面由浅入深，由低级到高级的一种教学。它是针对传统知识教学过于注重表层的符号教学而提出来的。

二、学科知识表层化的表现

四川师范大学教育科学学院李松林教授对学科知识表层化的表现归纳如下：

第一，把知识的教学简单地理解为符号形式的教学，知识的逻辑根据、思维方法和深层意义的教学很少深入；

第二，把狭隘理解的"双基"作为教学内容的核心，对蕴含于"双基"背后的基本经验、基本方法、基本思想和基本价值等更富有教育内涵的学科内容排除在外或一带而过；

第三，把教材中的概念性知识（主要是概念、原理等）作为教材知识的全部，没有认识到知识不但包括事实性知识、概念性知识、方法性知识和价值性知识四种类型，还涉及经验、概念、方法和价值四个水平；

第四，把教材中所谓的重点、难点和要点特别地关注，对学科基本结构把握不够。

三、深度教学的四维度

深度教学的特征与要求，余文森教授在《核心素养导向的课堂教学》中指出，可以围绕学科、知识、教师和学生等四个维度深刻理解深度教学：

第一，学科维度，有深度的教学指的是体现和反映学科本质的教学。成尚荣老师认为，学科的本质包含以下三方面内容：一是学科的本质属性；二是学科的核心任务；三是学科的特殊方式。生物学教学要致力于培养学生解释、分析生物学现象、过程及问题的意识。

第二，知识维度，有深度的教学指的是超越知识表层结构而进入深层结构的教学，表层结构揭示的是知识的表层意义，即知识本身的描述性或解释性意义。深层结构则蕴含在知识中的思维方式和价值倾向，揭示的是知识的深层意义。

第三，教师维度，有深度的教学指的是教师对教材钻得深、研得透的教学。即便是一些简单的内容，如果学生理解深刻，感悟透彻，也是一种深度学习。

第四，学生维度，有深度的教学就是让学生进行深度思维的教学。深度教学的根本目的就是促进学生思维水平的发展。思维水平的发展包括思维能力的提高、思维品质的提升和科学思维态度的养成。深度教学要注意引导学生深入知识的背后，获取知识背后丰富的思维价值，从而实现知识和思维的同步发展。

四、深度学习的特征

刘月霞、郭华主编的《深度学习：走向核心素养（理论普及读本）》，对深度学习进行了系统的阐述，并且对深度学习的特征归纳如下：

1. 联想与结构：经验与知识的相互转化

学习学科的基本结构，以联想的、结构的方式去学习，是深度学习的重要特征，学习结构就是学习事物是怎样相互关联的。布鲁纳所说："不论我们选教什么学科，务必使学生理解学科的基本结构。这是在运用知识方面的最低要求，使它有助于解决学生在课堂外遇到的问题和事件，或者在日后训练中课堂上所遇到的问题。经典的迁移问题和事件，与其说是单纯地掌握事实和技巧，不如说是教授和学习结构。……如果先前的学习使往后的学习更为容易的话，那就得提供一个一般的图景，按照这个图景，使先前与往后所遇到的事物之间的关系尽可能弄得清楚。"

课堂上的学生是带着经验来的，这经验包括已有的与生物学有关的生活经验，或者以前所学的生物学知识的内化并在生活中得以实践的经验。在教学中，教师能够让学生唤醒或改造以往的经验（联想）。生物学知识不是零散的、碎片化的、杂乱无章的信息，而是有逻辑、有结构、有体系的知识；学生学习生物学知识，是在教师的引导下，根据当前的学习活动去联想、调动、激活以往的经验，以融会贯通的方式对生物学学习内容进行组织，从而建构出自己的知识结构。

2. 活动与体验：学生的学习机制

深度学习的核心特征是"活动与体验"，"活动"是以学生为主体的主动活动，

"体验"是学生在活动中生发的内心体验。在教师的引领下主动活动，通过讨论、实验、探究等方式理解有关生物学原理；学生的主动活动要依赖于教师的启发、引导，教师要对教学内容和学生学习过程与方式进行精心设计。学习活动中，同学间相互合作，以全部的思想和精神去感受和体验学习活动的过程。

3. 本质与变式：对学习对象进行深度加工

深度学习要求学生能够抓住生物学内容的本质属性，全面把握知识间的内在联系，并且能够由本质推出若干变式，做到"举一反三"。这就要求学生有深刻而灵活的思维品质，对所学生物学知识，应该积极主动地通过"情境体验""质疑""探究""归纳""演绎"等途径来深度加工。

研究表明：学习结果与教师对教学内容中"相同点与不同点、变与不变"的内容的处理、呈现和组织（教学内容知识），有较大的关系。教师在学生理解正例后，还要设计和提供丰富的典型的反例，加深对本质属性的理解。

4. 迁移与应用：在教学活动中模拟社会实践

"迁移与应用"是深度学习的重要学习方式，"迁移"是经验的拓展与提升，"应用"是将内化的知识外显化、操作化的过程，是将间接经验直接化、将符号转为实体、从抽象到具体的过程，是知识活化的标志，也是检验学生学习成果的最佳途径。

5. 价值与评价："人"的成长的隐性要素

教学的终极目标是育人，深度学习将教学的"价值与评价"自觉化、明晰化，有助于培养学生的核心素养。"价值与评价"要贯穿于整个教学过程，让学生思考所学生物学知识的力量。同时要在学习过程中进行批判思维的培养。

五、题例赏析

【题例1】把生物学教材中的科学结论变成问题

（1）某激素具有某功能：①IAA促进插条生根（种子萌发等）；②细胞分裂素（IAA、GA）具有聚集营养物质的功能；③赤霉素诱导雌花，乙烯利诱导雄花；④乙烯利促进果实中的淀粉分解成还原糖；⑤脱落酸促进叶柄的脱落。

迁移：①_____；②_____

（2）某结构（生物）产生某激素具有某功能：①顶芽产生IAA抑制侧芽生长；②成熟叶片产生脱落酸，促进叶柄的脱落；③发育着的种子能产生IAA促进子房发育成果实；④大麦种子的胚能产生赤霉素诱导α-淀粉酶的合成；⑤赤霉菌能产生赤霉素促进水稻茎干的疯长；⑥根瘤菌能分泌IAA促进插条生根等。

迁移：①_____；②_____

（3）激素之间的关系研究：①生长素和赤霉素对豌豆黄化幼苗茎切段伸长的影响；②生长素和乙烯对豌豆黄化幼苗茎切段伸长的影响；③生长素和细胞分裂素对侧芽生长的影响；④生长素和细胞分裂素对果实发育的影响。

迁移：①_____；②_____

【题例2】类比推理，发散思维

（1）茎有向光性、顶端优势，根也有吗？

（2）探究植物X激素作用的最适浓度。

①探究萘乙酸（NAA）促进月季枝条生根的最适浓度；

②使用2,4-D除草时的最佳浓度。

类比推理：①_____；②_____

【题例3】验证性实验拓展为探究性试验。

"植物细胞的质壁分离及复原实验"是个验证性实验。在完成教学目标后，引导学生拓展探究以下问题：

（1）发生质壁分离的细胞是死细胞还是活细胞，如何判断？

（2）实验材料方面，除选用洋葱外表皮细胞以外，还可以采用其他植物细胞吗？

（3）实验试剂方面，除了蔗糖溶液，可改用其他试剂吗？试剂的浓度大小有何要求呢？

（4）比较细胞壁和原生质层的伸缩性大小？

（5）探究某植物细胞的细胞液浓度大小的实验思路。

（6）比较不同浓度大小的两种溶液的实验思路。

【题例4】归类迁移

（1）减数分裂过程中染色体数目变异可能会给后代带来影响。例如，人类21三体综合征患者是第21号，染色体有3条，请分析形成"21三体"异常的原因，要求指出是父方还是母方原因，并且指出具体发生在减数分裂什么时期？

类比迁移

（2）若性染色体为XXY。

（3）若性染色体为XYY。

（4）若性染色体为XXX。

（5）若性染色体为X0。

（6）若夫妇生了一个XXY色盲的儿子。

（7）若色盲女性与正常男性生了一个XXY色盲的儿子。

（8）若色盲男性与正常女性生了一个XXY色盲的儿子。

※ 实践篇 ※

第三章　基于核心素养的生物学问题微创设案例分析

第1节　"生命观念"维度的素养目标和问题微创设

一　"生命观念"维度的素养目标

（一）生命观念的内涵

"生命观念"是指对观察到的生命现象及相互关系或特性进行解释后的抽象，是人们经过实证后的观点，是能够理解或解释生物学相关事件和现象的意识、观念和思想方法。

生命观念包括结构与功能观、物质与能量观、稳态与平衡观、进化与适应观、系统观、信息观和生态观等，它是生物学学科核心素养四个要素中独具生物学学科特点的维度，是学科核心素养的标志、基础和支柱，是在生物学概念的基础上形成的。做到能够用生命观念认识生物的多样性、统一性、独特性和复杂性，形成科学的自然观和世界观，并以此指导探究生命活动规律，解决实际问题。

（二）生命观念素养水平划分

表3-1　生命观念素养水平划分

素养水平	素养1：生命观念
水平一	初步具有结构与功能相适应的观念以及生物进化观念，能从分子与细胞水平认识生物体的结构与功能是相适应的，生物的适应性是长期进化的结果。初步具有物质和能量观
水平二	具有结构与功能相适应的观念和生物进化观念，并能运用这些观念分析和解释简单情境中的生命现象。具有物质和能量观，结合简单情境说明生命活动的维持包括物质代谢和能量代谢
水平三	具有结构与功能相适应的观念和生物进化观念，并能运用这些观念分析和解释较为复杂情境中的生命现象。综合物质和能量观以及稳态与平衡观，在特定情境中说明生态系统中时刻存在着物质循环和能量流动
水平四	具有结构与功能相适应的观念和生物进化观念，并能基于这些观念识别身边的虚假宣传和无科学依据的传言。具有物质和能量观，并能指导、解决生产和实践中的具体问题。具有稳态与平衡观，并能指导人的健康生活方式；指出某一生态系统中的构成要素及影响其平衡的因素

（三）生命观念素养学业质量水平

表3-2 生命观念学业质量水平

水平	质量描述	学业质量水平与考试评价的关系
1	能初步以结构与功能观、物质与能量观等观念，说出生物体组成结构和功能之间的关系、光合作用和呼吸作用中的物质与能量转换、遗传与变异的物质基础和规律等；初步运用进化与适应观，说出生物的多样性和统一性；在给定的问题情境中，能以生命观念为指导，分析生命现象，探讨生命活动的规律，设计解决简单问题的方案	一、二级水平，除解决问题的情境相对简单和解决问题的程度相对较低外，涉及的大概念、方法等仅限于必修课程内容，是本学科学业水平合格考试的命题依据
2	能运用结构与功能观、物质与能量观等观念，举例说明生物体组成结构和功能之间的关系、光合作用和呼吸作用中的物质与能量转换、遗传与变异的物质基础和规律等；运用进化与适应观举例说明生物的多样性和统一性；在特定的问题情境中，能以生命观念为指导，分析生命现象，探讨生命活动的规律，设计方案解决简单问题	
3	能运用结构与功能观、物质与能量观、稳态与平衡观等观念，举例说明生物体组成结构和功能之间的关系、遗传与变异的物质基础、稳态的维持和调节机制、生态系统的平衡原理等；运用进化与适应观举例说明生物的多样性和统一性，以及与环境的关系；在特定的问题情境中，能以生命观念为指导，分析生命现象，探讨生命活动的规律；基于上述观念，能综合运用科学、技术、工程学和数学(STEM)知识和能力，设计方案，解决特定问题	三、四级水平，解决问题的情境相对复杂，解决问题的程度要求相对较高，涉及的大概念、方法等包括必修课程和选修课程的全部内容，是本学科学业水平等级性考试的命题依据
4	能运用结构与功能观、物质与能量观、稳态与平衡观等观念，阐释生物体组成结构和功能之间的关系、遗传与变异的物质和结构基础、稳态的维持和调节机制、生态系统的平衡原理等；运用进化与适应观阐释生物的多样性和统一性，以及与环境的关系；在新的问题情境中，能以生命观念为指导，解释生命现象，探究生命活动的规律；基于上述观念，能够将科学、技术、工程学和数学(STEM)知识和能力综合运用在实践活动中，解决生活中的实际问题	

说明：学业质量标准是阶段性评价、学业水平考试命题的重要依据。学业质量水平二是高中毕业生在本学科应该达到的合格要求。学业质量水平四是学业水平等级性考试的命题依据。

（四）教学案例

基于在线学习平台的教学

本案例中的教学内容是必修模块"细胞是生物体结构与生命活动的基本单位"概念中细胞内各部分结构与功能。利用Moodle（魔灯）平台，通过学生的在线学习与课堂教学的结合，使学生能构建并使用细胞模型，阐明主要细胞器的结构特点及功能，各结构间分工与合作，相互协调的关系；学生能够运用网络资源，探究细胞模型中"未知"的细胞器，并关注细胞相关研究的进展及应用。

教学准备

1.登录Moodle平台，建立"细胞结构与功能"课程，内容包括有声教学PPT（演示文稿）；辅助教学视频如细胞3D（三维）漫游、黑藻的胞质环流等；拓展内容及相关网址；辅助学习资料如学案、习题等。

2.借助Moodle平台的电子习题系统设置在线评价测验，并提前一周向学生说明和布置在线学习任务。

3.准备动物和植物细胞模型（可拆分为细胞质基质、细胞器、细胞壁、细胞核等）及配套课堂实验指导，每组学生1套，每小组4~6人。

4.就知识重难点设计问题本，以发现学生在线学习的问题。

在线学习

1.在网络环境中，学生利用电脑、平板电脑、手机等终端，登录Moodle平台进入"细胞结构与功能"课程。

2.学生在线或下载相关课程资料学习，按要求听有声PPT，以列表方式整理线粒体、叶绿体、内质网、高尔基体、核糖体等细胞器的形态、结构和功能，并填写相应的学案（表中空白部分由学生填写），如表3-3。

表3-3　线粒体的形态、结构和功能

细胞器	形态识别	自己画图	结构特点	功能	动植物
线粒体				有氧呼吸 提供能量	都有

3.使用电脑、平板电脑、手机等终端完成在线作业和评价测验，学生自主检测在线学习成果并获得反馈，纠正失误。

表 3-4 课堂教学

内容	教师活动	学生活动
回忆主要细胞器的结构和功能，发现学生在线学习中的问题	展示细胞器图片和所设计的问题，如双层膜细胞器有哪些、叶绿体究竟有几层膜等	思考、回答问题，就重难点问题与老师一起讨论
布置课堂实验任务，发放实验指导	向学生说明细胞亚显微结构模型的拼装目的、方法	听清要求
学生完成细胞模型的拼装，并发现"未知"的细胞结构	发放动植物细胞模型零件，引导学生根据实验指导边拼装边观察细胞模型	拼装模型，对照学案识别细胞器，发现不认识的细胞结构
引导学生对模型中的过氧化物酶体、细胞骨架等进行资料检索	揭示学生查找说明书或通过网络查询获取未知细胞器的资料	通过网络，对不认识的细胞结构进行知识检索和信息整理
总结、点评、讨论	听学生汇报和讨论检索到的资料，就过氧化物酶体的功能、细胞骨架与生物膜系统的关系等进行点评和补充	汇报和讨论检索到的资料，提出其他相关问题

【评析】本案例利用在线课程平台，教师向学生提供有声 PPT 课件、扩展资料、在线评价测试等学习资源，由学生自主完成在线学习。在课堂实践部分，学生通过拼装细胞模型，讨论回答相关问题，以及利用网络资源探究模型中出现但教材中未出现的"新的细胞器"等学习过程，认识细胞结构和功能相互协调的关系，发展生命观念、科学思维和科学探究等核心素养。相比于传统的课堂，借助于信息技术的生物教学有利于发挥学生自主性；丰富的教学资源，有利于扩展学生视野，激发学习热情；基于学生课下的在线自主学习，教师在课上可更有针对性地解决学生的疑惑，开展更有挑战性的学习活动，提高课堂教学的有效性。

本案例参见《普通高中生物学课程标准》。

二 "生命观念"维度的问题微创设

在课程标准中，"生命观念"主要包括结构与功能观、物质与能量观、进化与适应观和稳态与平衡观等。有部分专家认为，生命信息观、生命系统观和生态观也属于生命观念范畴，这就进一步丰富了生命观念的内涵。

（一）"结构与功能观"问题微创设

【结构与功能观的内涵】

生物体的结构与功能是相适应的，是生物长期进化所形成的，是生物适应环境的一种体现。"结构与功能的统一观"从微观来看，构成细胞的大分子（蛋白质和核酸）的结构与其功能是统一的；从中观来看，细胞（包括细胞的各个结构）、器官、系统的结构与功能是统一的；从宏观来看，个体和生态系统的结构与功能是统一的。生命的各个层次因为其结构与功能的统一性，便可以形成这样的生命认知：从结构上可以推测其生理功能，从生理功能上可以推测其结构特点，生物体的结构与其功能的统一性体现了生物适应环境的特点。

结构与功能观主要包括：（1）生命系统的结构是有层次的；（2）结构决定功能，结构与功能相适应；（3）生物体的各个结构既独立又相互协作；（4）整体结构的功能大于局部结构功能之和。

【题例赏析】

【题例1】请列举生物膜中体现"结构与功能观"的实例。

（1）叶绿体中的光合色素位于类囊体的膜上，叶绿体的类囊体薄膜堆叠使膜面积增大，有利于光能的充分利用。

（2）可进行光合作用的真核细胞（如叶肉细胞）含大量叶绿体，不进行光合作用的细胞（如根细胞）不含叶绿体。

（3）线粒体内膜是有氧呼吸第三阶段的场所，内膜突起形成的嵴，增大内膜面积，有利于附着更多有氧呼吸酶。

（4）在代谢旺盛的细胞内线粒体含量较多，如心肌细胞。

（5）核孔的数目、核仁的大小与细胞代谢有关，核孔越多、核仁越大的细胞，其代谢越旺盛。

（6）能合成分泌蛋白的细胞中核糖体、内质网、高尔基体较多，如浆细胞（分泌抗体）、胰岛B细胞（分泌胰岛素）、唾液腺细胞（分泌唾液淀粉酶）。

（7）神经细胞轴突末梢有大量突起，有利于神经递质的释放，并作用于突触后膜上的受体。

【题例2】请列举体现细胞膜结构特点（流动性）的实例。

（1）草履虫取食过程中食物泡的形成以及胞肛废渣的排出。

（2）变形虫捕食和运动时伪足的形成和变形虫的切割试验。

（3）白细胞吞噬细菌。

（4）受精作用。

（5）动物细胞分裂时细胞膜的缢裂过程。

（6）动物细胞融合和植物体细胞杂交。

（7）温度上升，细胞膜的厚度改变。

(8) 精子细胞形成精子的变形。

(9) 人—鼠细胞的融合。

(10) 胞吞和胞吐：吞噬细胞的吞噬作用、分泌蛋白（如激素、消化酶等）的外运、浆细胞分泌抗体、神经递质的释放等。

【题例3】请具体说出人体胰岛B细胞、甲状腺细胞和肝细胞的细胞膜上的四种蛋白质的名称及功能？

【参考答案】

表3-5 细胞膜上的四种蛋白质的名称、功能和实例

种类	载体蛋白	通道蛋白	糖蛋白(受体)	酶
功能	协助扩散或主动运输	协助扩散	识别、信息交流	催化作用
实例	葡萄糖载体蛋白；钠离子载体蛋白等	水通道蛋白；钠(钾)离子通道蛋白	识别化学信息(激素、神经递质)、识别细胞(靶细胞)、识别病原体	细胞呼吸的酶

【题例4】生物膜的结构与功能存在密切的联系。下列有关叙述错误的是（　　）

A.叶绿体的类囊体膜上存在催化ATP合成的酶

B.溶酶体膜破裂后释放出的酶会造成细胞结构的破坏

C.细胞的核膜是双层膜结构，核孔是物质进出细胞核的通道

D.线粒体DNA位于线粒体外膜上，编码参与呼吸作用的酶

【解析】叶绿体是进行光合作用的场所，光合作用包括光反应阶段和暗反应阶段，其中光反应阶段能合成ATP，而光反应的场所是类囊体膜，因此叶绿体的类囊体膜上存在催化ATP合成的酶；溶酶体是细胞的"消化车间"，溶酶体含有多种水解酶，溶酶体膜破裂后，释放水解酶会造成细胞结构的破坏；细胞核的核膜具有双层膜，核膜上存在核孔，核孔的功能是实现核质之间频繁的物质交换和信息交流，因此核孔是物质进出细胞的通道；线粒体DNA位于线粒体的基质中。选D。

【题例5】生物膜系统在细胞的生命活动中发挥着极其重要的作用。图3-1表示3种生物膜结构及其所发生的部分生理过程。请回答下列问题。

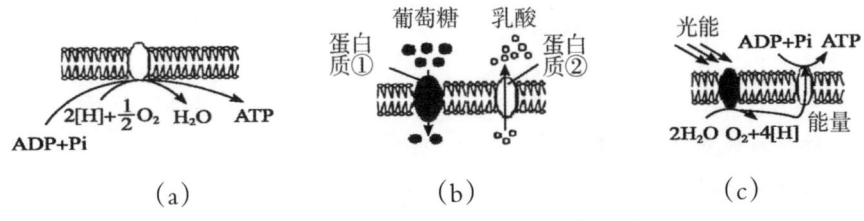

图3-1 生物膜结构及其所发生的部分生理过程

(1) 图3-1中生物膜的功能不同,从生物膜的组成成分分析,其主要原因是_____。

(2) 图3-1(a)表示的生理过程是____,图3-1(c)表示的生理过程是_____。

(3) 图3-1(b)为哺乳动物成熟红细胞的细胞膜,图中葡萄糖和乳酸跨膜运输的共同点是都需要_____,如果将图3-1(b)所示的细胞放在无氧环境中,图中葡萄糖和乳酸的跨膜运输_____(填"都会""有一个会"或"都不会")受到影响,原因是_____。

(4) 图3-1说明生物膜具有的功能有_____、_____。

【参考答案】
(1) 组成生物膜的蛋白质的种类与数量的不同。(2) 有氧呼吸的第三阶段;光合作用的光反应阶段。(3) 载体蛋白;都不会;葡萄糖进入细胞属于被动运输,不消耗能量;乳酸运出细胞属于主动运输,可以消耗无氧呼吸产生的ATP。(4) 跨膜运输功能;能量转换功能。

【题例6】"细胞膜"教学时需要重点解决细胞膜的流动镶嵌模型的概念、细胞膜具有哪些与其结构相适应的功能这两个核心问题。复习生物膜有关内容,让学生小组合作自制细胞膜的结构模型,然后以该模型为载体,让学生多角度、多层面思考创设出生物膜有关的问题,然后加以归类总结,构成一题组。下列有关说法正确的是_____。

(1) 构成膜的脂质主要是磷脂、脂肪和胆固醇;
(2) 细胞膜对膜两侧物质的进出具有选择性,取决于蛋白质分子;
(3) 生物膜的特定功能主要由膜蛋白的种类和数量决定;
(4) 浆细胞和骨髓瘤细胞能够发生融合只与磷脂双分子层有关;
(5) 用蛋白酶处理生物膜可改变其组成,不改变其通透性;
(6) 兴奋在神经纤维上传导和在神经元间传递时,生物膜发生的变化是相同的;
(7) 植物细胞质壁分离和复原与生物膜无关;
(8) 利用膜的特点可以提高农作物的抗性;
(9) 细胞膜的流动性与温度有关;
(10) 细菌具有完整的生物膜系统。

【参考答案】 (2)(3)(8)(9)

(二) 物质与能量观问题微创设
【物质与能量观的内涵】
物质的合成与分解总是伴随能量的吸收或释放而进行,光合作用是将无机物合成有机物，将太阳能转变为化学能，并将化学能储存在合成的有机物中；呼吸作用是细胞将有机物分解，同时释放能量的过程；在生态系统中，物质循环总是伴随能量的流动而进行。

"物质与能量观"主要包括：（1）生命过程需要物质和能量；（2）生命系统的各个层次都有能量的流动和转换；（3）能量以物质为载体；（4）光能是生命系统中能量来源的最终源头，ATP是直接能源物质；（5）中心法则是物质、能量和信息统一的集中体现。

【题例赏析】

【题例1】生态学家不会以某一个或几个种群为单位去研究森林生态系统的特征，试从生态系统功能的角度进行解释，其原因是什么？

【解析】生态系统的功能包括物质循环、能量流动和信息传递。物质循环具有全球性；能量流动沿食物链（网）进行，具有复杂性；信息传递发生在生物与生物、生物与无机环境之间。

【题例2】生物利用的能源物质主要是糖类和油脂，油脂的氧原子含量较糖类中的少而氢的含量多。可用一定时间内生物产生CO_2的摩尔数与消耗O_2的摩尔数的比值来大致推测细胞呼吸底物的种类。下列叙述错误的是（　　）

A.将果蔬储藏于充满氮气的密闭容器中，上述比值低于1

B.严重的糖尿病患者与其正常时相比，上述比值会降低

C.富含油脂的种子在萌发初期，上述比值低于1

D.某动物以草为食，推测上述比值接近1

【解析】果蔬中利用的能源物质为糖类，储藏于充满氮气的密闭容器中，产生CO_2的摩尔数与消耗O_2的摩尔数的比值应当等于1；严重的糖尿病患者利用的葡萄糖会减少，产生CO_2的摩尔数与消耗O_2的摩尔数的比值相比正常时会降低；富含油脂的种子在萌发初期主要利用油脂为能源物质，故产生CO_2的摩尔数与消耗O_2的摩尔数的比值低于1；某动物以草为食，则主要的能源物质为糖类，则产生CO_2的摩尔数与消耗O_2的摩尔数的比值接近1。选A。

【题例3】ATP与ADP的相互转化伴随能量的转变，请问该转变过程是不是化学上的可逆反应，为什么？

【解析】不是可逆反应，因为该转变过程有以下不同：

（1）反应条件不同：ATP的分解是一种水解反应，催化该反应的酶属于水解酶；而ATP的合成是一种合成反应，催化该反应的酶属于合成酶。酶具有专一性，因此反应条件不同。

（2）能量来源不同：ATP水解释放的能量是储存在高能磷酸键中的化学能，而

合成ATP的能量主要是有机物中的化学能和太阳能。

（3）合成与分解的场所不同：ATP合成的场所是细胞质基质、线粒体和叶绿体；而ATP分解的场所较多，如细胞膜（供主动运输消耗的能量）、叶绿体的基质（将ATP中的能量释放出来，储存在合成的有机物中）、细胞质的基质（由ATP供能，活化氨基酸，将活化的氨基酸转移到相应的mRNA上）、细胞核（DNA复制和RNA合成所消耗的能量）等。因此，合成与分解的场所不尽相同。

（4）两者的功能不同：ATP是生物体内生命活动的直接能源物质，它水解时释放的能量可以供各项生命活动需要；而ATP的合成伴随能量的储存，该反应实际上是生物体内能量的转移过程。

（三）"进化与适应观"问题微创设

【进化与适应观的内涵】

适者生存，不适者被淘汰，生物总是不断进化的，进化是生物适应环境的表现；生物适应环境的形式是多种多样的。进化与适应观是最独特和最复杂的生命观念，适应是自然选择的结果，是相对的，生物的多样性和适应性是进化的结果。自然选择学说为地球上的生命演化提供了科学的解析，现代进化理论在变异、选择和隔离三个方面对新物种形成进行了阐述。

进化与适应观主要包括：（1）生物是不断进化的，现在的生物有着共同的祖先；（2）进化的过程大体是从简单到复杂，从低等到高等，从水生到陆生；（3）进化的结果表现为分子的进化、物种的进化及生态系统的进化，种间生物可以进行协同进化；（4）进化的方向是多元的，进化的结果是占领更多的生态位或产生新物种；（5）适应自然选择的结果，适应是相对的；（6）种内进化的本质是种群基因频率的定向改变；（7）生物与环境之间也是相互影响的，进化的结果就是生物多样性的形成。

【题例赏析】

【题例1】查尔斯·达尔文（1809—1882）于1859年出版了《物种起源》，提出了进化论的两大学说，共同由来学说和自然选择学说。达尔文的进化论学说对人类社会产生了深刻的影响，并且随着生物科学的发展，形成了以自然选择学说为核心的现代生物进化理论。下列有关叙述不合理的是（　　）

A.无法进行基因交流的生物之间可能存在生殖隔离，也可能存在地理隔离

B.通过化石可以了解已灭绝生物的形态结构特点，是研究生物进化最直接的证据

C.种群在繁衍过程中大量的近亲繁殖可提高群体中纯合体的比例

D.自然选择获得的性状都可以通过遗传进行积累，导致生物朝一定方向进化

【解析】不同种群间的个体,在自然条件下基因不能自由交流的现象,叫作隔离,A正确;研究生物进化最直接、最主要的证据是化石;同一个群体携带同种基因的杂合子比例高,近亲繁殖时可以提高该种群基因纯合的比例;自然选择获得的性状可能没有发生遗传物质的改变,因此不一定能通过遗传进行积累。选D。

【题例2】有两种植物靠一种蜂鸟传粉。其中一种植物的花蕊蜜管直而短,另一种则弯而深。雌鸟的长鸟喙适于在弯曲的长筒状花蕊蜜管中采蜜,雄鸟短鸟喙适于在短小笔直的花蕊蜜管中采蜜。由此得出的结论不正确的是( )
　A.雌雄蜂鸟在不同植物上采蜜缓解了雌雄蜂鸟间的种内斗争
　B.两种植物花蕊蜜管形态的差异是因蜂鸟采蜜导致的变异
　C.花蕊蜜管形态与鸟喙长度相适应是长期相互选择的结果
　D.对鸟喙的遗传多样性进行基因检测遵循碱基互补配对原则

【解析】食物来源有别,可以很好缓解种内个体间因争夺食物而引起的斗争。题干信息告知同种雌雄蜂鸟在不同植物中采蜜,食物来源不同,可缓解种内斗争;两种植物花蕊蜜管形态的差异是可遗传变异的结果,蜂鸟采蜜只属于环境因素;花蕊蜜管形态与鸟喙长度相适应是长期相互选择的结果;对于遗传多样性的检测常用分子杂交的方法,其原理是碱基互补配对。选B。

【题例3】生物多样性是共同进化的结果。下列有关生物进化与生物多样性的叙述,正确的是( )
　A.基因多样性与基因突变有关,物种多样性与生物进化有关
　B.物种之间的共同进化都是通过物种之间的竞争实现的
　C.捕食者的存在对被捕食者不利,但有利于增加生物的多样性
　D.隔离的实质是阻断基因交流,种群间不能进行基因交流标志着新物种的形成

【解析】基因突变可以产生新的基因,所以基因多样性与基因突变有关,生物经过长期的进化可以形成新的物种,所以物种多样性与生物进化有关。物种之间的共同进化主要是通过物种之间的生存斗争实现的,也可以是在互利的条件下,相互选择,共同进化;捕食者的存在有利于被捕食者的进化,对被捕食者也是有利的;物种形成的标志是两个种群之间形成了生殖隔离,地理隔离也可以使种群间不能进行基因交流。选A。

【题例4】下列有关生物多样性和进化的叙述中,不正确的是( )
　A.自然选择能定向改变种群的基因频率,决定了生物进化的方向
　B.新物种的形成通常要经过突变和基因重组、自然选择及隔离三个基本环节
　C.细菌在接触青霉素后会产生抗药性的突变个体,青霉素的选择作用使其生存
　D.蜂鸟细长的喙与倒挂金钟的筒状花萼是它们长期共同进化形成的相互适应

特征

【解析】自然选择能定向改变种群的基因频率，决定了生物进化的方向；新物种形成的三个基本环节是突变和基因重组、自然选择及隔离；细菌在接触青霉素以前就已经产生了抗药性的突变个体，青霉素的选择作用使其生存；蜂鸟细长的喙与倒挂金钟的筒状花萼是它们长期共同进化的结果。选C。

【题例5】大型肉食性动物对低营养级肉食性动物与植食性动物有捕食和赶作用，这一建立在"威慑"与"恐惧"基础上的种间关系会对群落或生态系统产生影响，此方面的研究属于"恐惧生态学"范畴。回答下列问题：

（1）当某种大型肉食性动物迁入一个新的生态系统时，原有食物链的营养级有可能增加。生态系统中食物链的营养级数量一般不会太多，原因是_____。

（2）如果将顶级食性动物引入食物网只有三个营养级的某生态系统中，使得甲、乙两种植食性动物间的竞争结聚发生了反转，即该生态系统中甲的数量优势地位丧失。假定该反转不是由于顶级肉食性动物的直接捕食造成的，那么根据上述"恐惧生态学"知识推测，甲的数量优势地位丧失的可能原因是_____（答出一点即可）。

（3）若某种大型肉食性动物在某地区的森林中重新出现，会减轻该地区野猪对农作物的破坏程度，根据上述"恐惧生态学"知识推测，产生这一结果的可能原因有_____（答出两点即可）。

【答案】（1）生产者固定的能量在沿食物链流动过程中大部分都损失了，传递到下一营养级的能量较少；（2）甲对顶级肉食性动物的恐惧程度比乙高，顶级肉食性动物引入后甲逃离该生态系统的数量比乙多；（3）大型肉食性动物捕食野猪，野猪因恐惧减少了采食。

【题例6】回答下列问题：

（1）大自然中，猎物可通过快速奔跑来逃脱被捕食，而捕食者则通过更快的奔跑来获得捕食猎物的机会，猎物和捕食者的每一点进步都会促进对方发生改变，这种现象在生态学上称为_____。

（2）根据生态学家斯坦利的"收割理论"，食性广捕食者的存在有利于增加物种多样性，在这个过程中，捕食者使物种多样性增加的方式是_____。

（3）太阳能进入生态系统的主要过程是_____，分解者通过_____来获得生命活动所需的能量。

【答案】（1）协同进化（或答共同进化）；（2）捕食者往往捕食个体数最多的物种，为其他物种的生存提供机会；（3）绿色植物通过光合作用将太阳能转化为化学能储存在有机物中，呼吸作用将动植物遗体和动物排遗物中的有机物分解。

（四）"稳态与平衡观"问题微创设

【稳态与平衡观的内涵】

生命系统是一个稳态和平衡的系统，稳态和平衡是通过调节来实现的。稳态是有序、平衡且不断变化的；稳态既是一种状态，也是一种能力。细胞生活在一个液体环境中，液体中各种物质的含量及理化因子是处于动态平衡之中的，人体的稳态是通过神经—体液—免疫的调节来实现的，植物体内各种激素的调节共同维持了植物的生长和发育。生态系统的稳定性分为抵抗力稳定性和恢复力稳定性。调节是实现稳态的必要手段，生命系统的稳态和对环境的适应都是调节的结果。

稳态与平衡观主要包括（1）生命系统是一个整体的、开放的、动态平衡的系统；（2）稳态是生命系统的特征，也是机体生活的条件；（3）生命系统依靠自我调节机制维持其稳态（自稳）；（4）不同的生命系统中，调节机制多种多样。

【题例赏析】

【题例1】褪黑素是人脑中松果体产生的一种激素，具有促进睡眠、调节内分泌、增强免疫力等多种作用。褪黑素的分泌受光线的影响，有明显的昼夜节律。回答下列问题：

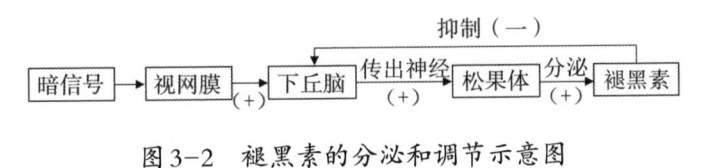

```
                        抑制（－）
                    ┌──────────┐
暗信号 → 视网膜 → 下丘脑 ─传出神经→ 松果体 ─分泌→ 褪黑素
                (+)          (+)          (+)
```

图 3-2 褪黑素的分泌和调节示意图

（1）据图 3-2 所示，暗信号引起褪黑素分泌增加的过程属于_____（填"神经""体液""神经—体液"）调节。人体血浆中褪黑素浓度在凌晨 2～4 时达到峰值之后会下降，其原因是_____。

（2）胸腺、脾脏等免疫器官均可作为褪黑素作用的靶器官，原因是_____。褪黑素分泌不足使胸腺退化加快，这会导致人体体液免疫功能减弱，原因是_____。

（3）某保健品宣称口服褪黑素可以改善老年人睡眠不足的问题。评价该宣传是否有科学依据，还需弄清哪些事实？_____。

【参考答案】（1）神经，一方面褪黑素浓度增高通过负反馈调节抑制了下丘脑的活动，使褪黑素分泌减少，另一方面，褪黑素发挥作用后被灭活，含量下降；（2）其细胞上都有褪黑素受体，胸腺退化致使 T 细胞减少，T 细胞产生的淋巴因子减少，从而影响 B 细胞的增殖和分化；（3）老年人褪黑素分泌是否不足，褪黑素是否能够口服。

【题例2】男性睾丸的发育受"下丘脑—垂体—睾丸"控制，如图 3-3 所示，下

· 71 ·

丘脑分泌GnRH促进垂体合成与释放卵泡刺激素（FSH）和黄体生成素（LH）等激素，促进睾丸分泌睾丸酮（雄性激素）。回答下列问题：

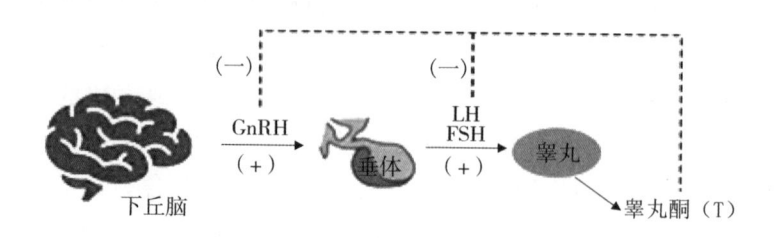

图3-3 睾丸酮的分泌和调节示意图

（1）GnRH的中文名称应为_____，上图显示睾丸酮（T）的分泌存在_____等调节机制。

（2）有些运动员违规服用人工合成的睾丸酮衍生物（兴奋剂的一种），来促进肌肉的生长、增强肌肉的力量、提高比赛成绩。但长期服用睾丸酮衍生物对身体的危害巨大，比如造成自身分泌的睾丸酮减少，请结合所学知识分析，原因是_____。

（3）通过医学CT可检查垂体的结构有无问题，而反映垂体的功能有无问题则可通过测定血液中FSH和LH的含量，请根据激素调节的特点分析，依据是_____。

【参考答案】（1）促性腺激素释放激素 分级调节和负反馈调节；（2）睾丸酮衍生物可抑制下丘脑分泌GnRH和抑制垂体分泌LH和FSH，从而睾丸分泌的睾丸酮减少；（3）FSH与LH分泌后进入血液，通过体液（血液）运输（才能作用于靶器官、靶细胞）。

【题例3】图3-4是人体感染新型冠状病毒（2019-nCoV）后所引起的机体部分生理活动变化示意图。请回答下列问题：

（1）发热是感染新型冠状病毒后的一个重要临床表现，位于人体_____的体温调节中枢通过_____等信号分子可以调节体温。

（2）据图分析，对垂体分泌ACTH具有直接调节作用的物质有_____。

（3）细胞因子风暴是由机体感染微生物后引起免疫胞分泌细胞因子急剧升高而

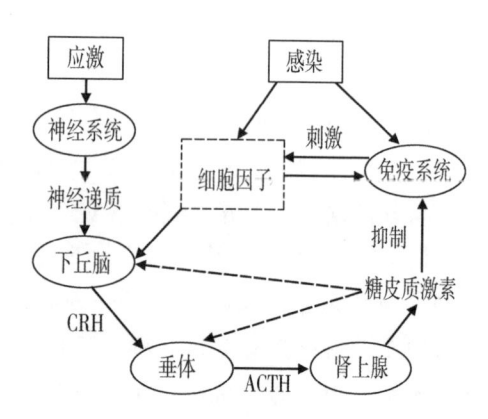

图3-4 人体感染2019-nCoV后机体部分生理活动变化示意图

引发的过度免疫反应。细胞因子风暴会引起多脏器衰竭，是导致许多新型冠状病毒感染者死亡的重要原因，用糖皮质激素可进行治疗，请据图分析其治疗原理可能是_____。糖皮质激素与胰岛素具有拮抗作用，推测其可能的副作用是_____。

（4）接种疫苗是预防传染病最有效的手段。若接种了新冠疫苗，是否意味着不会再被传染，_____。请简述理由：_____（答出一种理由即可）。

【参考答案】（1）下丘脑；神经递质和促甲状腺激素释放激素。（2）CRH和糖皮质激素。（3）糖皮质激素可抑制免疫系统的作用，减少细胞因子的释放，避免因细胞因子过多导致机体出现过度免疫反应；抑制细胞对葡萄糖的摄取利用和储存，导致血糖升高。（4）不是；新冠病毒是RNA病毒，单链的RNA结构不稳定，容易发生变异。

【题例4】新冠病毒的肆虐给人类生活带来了极大的影响，研发疫苗是防控新冠肺炎的有效措施。图3-5为我国研制中的两种疫苗的作用示意图，请回答下列问题：

（1）图中①为将新冠病毒灭活后研制的灭活病毒疫苗，这种疫苗保留有新冠病毒的_____，能激活人体产生免疫反应，但通常需要多次接种，原因是_____。

（2）根据新冠病毒通过表面刺突蛋白（S蛋白）与人细胞膜上ACE2受体结合后入侵人体细胞的特点，研制了图中②所示的腺病毒载体疫苗，将编码新冠病毒S蛋白的基因经过_____酶的作用，构建无害的腺病毒载体。

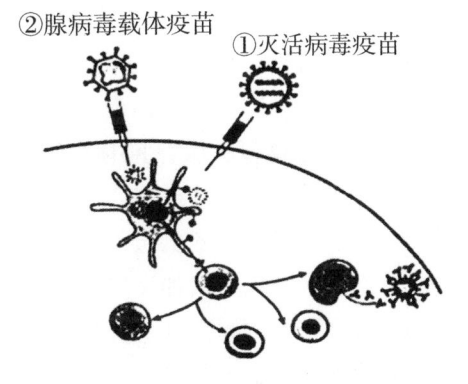

图3-5 两种疫苗的作用示意图

（3）腺病毒载体疫苗注入人体后，可表达出新冠病毒的_____，诱发人体内产生_____细胞，当人体被新冠病毒感染时，能迅速增殖分化，发挥免疫保护作用。

（4）接种腺病毒载体疫苗的人若在接种前感染过腺病毒，可能会存在"预存免疫"而降低疫苗的免疫效果，其原因是_____。

【参考答案】（1）抗原性；初次免疫产生的抗体量和记忆细胞少，需要通过多次免疫接种，免疫应答才更持久（或才能达到免疫要求）。（2）限制酶和DNA连接。（3）S蛋白；记忆。（4）感染过腺病毒的人体内具有相应抗体，接种疫苗时会被体内相应抗体部分清除而降低免疫效果或导致不能携带S蛋白基因进入细胞内。

【题例5】暴饮暴食、过量饮酒和高盐饮食都不利于健康。人体从食物中摄取各种营养物质后会发生一系列的调节过程，结合所学知识回答以下问题：

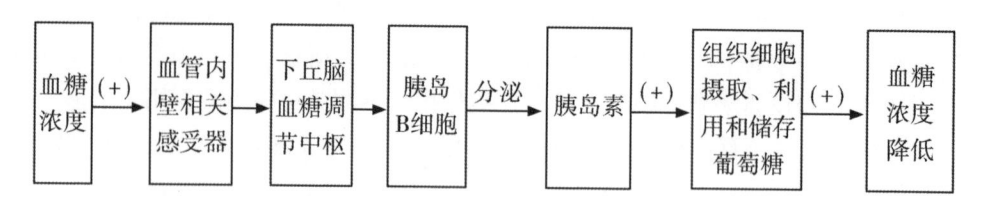

```
血糖浓度 (+) → 血管内壁相关感受器 → 下丘脑血糖调节中枢 → 胰岛B细胞 分泌 → 胰岛素 (+) → 组织细胞摄取、利用和储存葡萄糖 (+) → 血糖浓度降低
```

图3-6 血糖调节部分过程简要示意图 [(+)表示促进]

(1)图3-6中下丘脑调节胰岛素的分泌过程_____(填"属于"或"不属于")激素分泌的分级调节。长期高糖饮食导致的血糖浓度持续偏高，可能诱发糖尿病，患者的尿量会_____(填"增加""减少"或"不变")。若从重吸收的角度开发一种降低糖尿病患者血糖浓度的新药物，该药物应具有_____(填"增加"或"减少")肾小管管壁细胞膜上重吸收葡萄糖的转运蛋白数量的效应。

(2)高盐饮食导致尿量减少是神经—体液调节的结果，其反射弧的渗透压感受器在_____。抗利尿激素与肾小管、集合管上的受体结合后，肾小管、集合管细胞通过水通道蛋白从管腔中重吸收水量增加，请提出一种假说解释该现象发生的机制_____。

(3)研究发现，乙醇会抑制抗利尿激素的释放，据此推测人体过量饮酒后尿量会_____(填"增加""减少"或"不变")，为验证乙醇是通过抑制抗利尿激素的释放来影响尿量，研究小组将若干实验大鼠随机均分成两组，甲组大鼠灌胃适量乙醇溶液，乙组大鼠灌胃等量蒸馏水，半小时后检测并比较两组大鼠的尿量差异，请评价该实验方案是否合理并说明理由_____。

【参考答案】 (1)不属于；增加；增加。(2)下丘脑；抗利尿激素与肾小管、集合管上的受体结合后，增加了管腔膜上水通道蛋白的数量。(3)增加；不合理，半小时后检测并比较两组大鼠的尿量差异的同时，还要检测并比较两组大鼠抗利尿激素的含量。

(五)"生命信息观"角度的问题微创设

【生命信息观的内涵】

生命信息观是建立在信息作为生命的组织形式的重要作用基础上的，是对生命的信息属性（包括生命系统中信息类型、调节过程、信息作用效果等）的抽象。生命信息观对于深刻理解基因本质、生命活动调节的机制，以及生态系统的结构和功能等具有关键作用。物质与能量的变化离不开信息的驱动，细胞中的各种化学反应都需要信息的调控，如遗传信息、生理信息和神经感知、传导和传递信息等，离开这些信息，生命就会变得无序而死亡。中心法则是物质、能量和信息统一的集中体现。

【题例赏析】

【题例1】细胞间信息交流的方式有多种。在哺乳动物卵巢细胞分泌的雌激素作用于乳腺细胞的过程中，以及精子进入卵细胞的过程中，细胞间信息交流的实现分别依赖于（　　）

A.血液运输，突触传递　　　　B.淋巴运输，突触传递

C.淋巴运输，胞间连丝传递　　D.血液运输，细胞间直接接触

【解析】哺乳动物卵巢分泌的雌激素通过血液循环作用于乳腺细胞，精子在输卵管内与卵细胞结合，进入卵细胞内完成受精作用，是直接接触。选D。

【题例2】下列关于遗传信息表达过程的叙述，正确的是（　　）

A.一个DNA分子转录一次，可形成一个或多个合成多肽链的模板

B.转录过程中，RNA聚合酶没有解开DNA双螺旋结构的功能

C.多个核糖体可结合在一个mRNA分子上共同合成一条多肽链

D.编码氨基酸的密码子由mRNA上3个相邻的脱氧核苷酸组成

【解析】遗传信息的表达主要包括复制、转录和翻译，基因控制蛋白质的合成包括转录和翻译两个过程，以DNA分子的一条链作为模板合成RNA，在真核细胞中主要在发生细胞核中。翻译是以mRNA为模板合成蛋白质的过程，场所为核糖体。一个DNA分子转录一次，形成的mRNA需要进行剪切加工，可能合成一条或多条模板链；转录过程中，RNA聚合酶兼具解旋功能故不需要DNA解旋酶参与转录；在转录过程中，mRNA上可附着多个核糖体进行翻译，得到数条相同的mRNA，而不是共同合成一条多肽链；mRNA由核糖核苷酸构成，不具有脱氧核苷酸。选A。

【题例3】有关生态系统信息传递及其应用的叙述，错误的是（　　）

A.动物的特殊行为信息可在同种或异种生物之间传递

B.生态系统中的行为信息只能在同种生物之间传递信息

C.利用黑光灯诱捕法来调查昆虫的种群密度属于生态系统中信息传递的应用

D.短日照作物黄麻，南种北移可延长生长期，提高麻的产量，是对物理信息的合理利用

【解析】动物的特殊行为能够对同种或异种生物传递信息，称为行为信息；在同种生物之间、不同种生物之间、生物与无机环境之间都能进行信息传递；利用黑光灯诱捕昆虫，调查昆虫的种群密度，是生态系统的物理信息在生产中的应用；短日照作物黄麻，南种北移可延长生长期，有利于积累纤维素，提高麻的产量，是对物理信息的合理利用。选B。

【题例4】请写出不同类型生物遗传信息的传递（中心法则）。

【参考答案】

（1）以DNA为遗传物质的生物遗传信息的传递

$$\text{DNA} \xrightarrow{\text{复制}} \text{DNA} \xrightarrow{\text{转录}} \text{RNA} \xrightarrow{\text{翻译}} \text{蛋白质}$$

（2）具有RNA复制功能的RNA病毒（如烟草花叶病毒）

$$\text{RNA} \xrightarrow{\text{复制}} \text{RNA} \xrightarrow{\text{翻译}} \text{蛋白质}$$

（3）具有逆转录功能的RNA病毒（如艾滋病病毒）

$$\text{RNA} \xrightarrow{\text{逆转录}} \text{DNA} \xrightarrow{\text{转录}} \text{RNA} \xrightarrow{\text{翻译}} \text{蛋白质}$$

（4）高度分化的细胞

$$\text{DNA} \xrightarrow{\text{转录}} \text{RNA} \xrightarrow{\text{翻译}} \text{蛋白质}$$

【题例5】图3-7是甲状腺分泌甲状腺激素的调节及甲状腺激素作用的示意图，PB为甲状腺激素的血浆运载蛋白，THB为甲状腺激素受体，请回答下列问题：

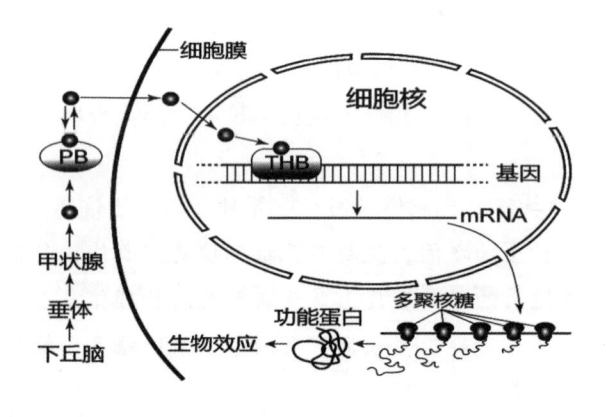

（1）当寒冷刺激身体的冷觉感受器时，相应的神经冲动传到下丘脑，下丘脑就会分泌_____并运输到垂体，促使垂体分泌_____随血液运输到甲状腺，促使甲状腺增加甲状腺激素的合成和分泌，这说明甲状腺激素分泌存在_____调节机制。机体需要通过源源不断产生激素来维持正常生命活动，原因是_____。

图3-7 甲状腺激素的分泌调节和作用示意图

（2）多聚核糖体是指一个mRNA分子上可以相继结合多个核糖体，试分析多聚核糖体的生物学意义是_____。

（3）THB与功能蛋白基因结合时，造成该基因不能转录，据图分析，甲状腺激素发挥生理功能的机制为：_____。

【参考答案】

（1）促甲状腺激素释放激素（或TRH）；促甲状腺激素（TSH）；分级；激素一经靶细胞接受并起作用后，就被灭活了。（2）少量的mRNA分子可以迅速合成大量的蛋白质。（3）甲状腺激素与THB特异性结合，改变了THB的空间结构，解除了THB对功能蛋白基因的抑制作用，功能蛋白基因得以表达，功能蛋白发挥相应的生物效应。

（六）"生命系统观"角度的问题微创设

【生命系统观的内涵】

生命系统是指能独立与其所处的环境进行物质与能量交换，并在此基础上实现内部的有序性、发展与繁殖的系统。它是自然系统的最高级形式。细胞、个体和生态系统等都是生命系统，生命系统是有机的整体，"整体大于部分之和"，生命系统的整体性以及各部分之间的相互作用，如果只依靠结构与功能观是无法准确理解的，需要上升到系统观；生命系统是存在于一定环境中的开发系统，要深刻理解生命系统与环境的关系，以及人与自然的关系，且上升到生态观。

【题例赏析】

【题例1】利用一定方法使细胞群体处于细胞周期的同一阶段，称为细胞周期同步化。以下是能够实现动物细胞周期同步化的三种方法。回答下列问题：

（1）DNA合成阻断法：在细胞处于对数生长期的培养液中添加适量的DNA合成可逆抑制剂，处于_____期的细胞不受影响而继续细胞周期的运转，最终细胞会停滞在细胞周期的_____期，以达到细胞周期同步化的目的。

（2）秋水仙素阻断法：在细胞处于对数生长期的培养液中添加适量的秋水仙素，秋水仙素能够抑制_____，使细胞周期被阻断，即可实现细胞周期同步化。经秋水仙素处理的细胞_____（填"会"或"不会"）被阻断在间期。

（3）血清饥饿法：培养液中缺少血清可以使细胞周期停滞在间期，以实现细胞周期同步化，分裂间期的特点是_____（答出一点即可）。

【解析】（1）DNA复制发生在细胞分裂间期；DNA合成被阻断后，分裂期不受影响，分裂间期受影响，最终细胞会停止在细胞周期的间期。（2）秋水仙素通过抑制纺锤丝的形成来使染色体数目加倍，而纺锤丝形成于有丝分裂前期；经秋水仙素处理的细胞不会被阻断在间期。(3) 分裂间期的特点是相关蛋白质的合成、DNA进行复制、为分裂期准备物质。

(七)"生态观"角度的问题微创设

【生态观的内涵】

生态观是人类对生态问题的总的认识或观点，即人类关于生态系统运动规律的基本认识和基本观点。这些观点建立在生态科学所提供的基本概念、基本原理和基本规律的基础上，并在人类——自然全球生态系统层次上进行哲学世界观的概括，能够用以指导人类认识和改造自然的基本思想。它主要包括三个方面的内容：对生态与环境复杂运动变化规律的认识、生态系统的整体运动规律以及人类在全球生态系统中的地位和作用的认识。

【题例赏析】

【题例1】我国热带雨林物种丰富，有巨大的生态价值，成为科学家们竞相研究的"伊甸园"。下列说法正确的是（ ）

A. 热带雨林生态环境优越，某种群在入侵初期单位时间内的增长倍数一定
B. 热带雨林的物种丰富，生态价值高，体现了生物多样性的潜在价值
C. 某种群数量在短期内保持稳定，则其年龄组成不可能为增长型
D. 测定雨林内蜘蛛、蜈蚣等动物的种群密度需用标志重捕法

【解析】热带雨林生态环境优越，某种群在入侵初期，相对于进入了一个理想环境，种群数量成J形曲线增长，故单位时间内的增长倍数一定；热带雨林的生态价值，体现了生物多样性的间接价值；种群的年龄组成可以预测种群的发展趋势，但影响种群数量的因素很多，比如气候、食物、天敌和传染病等，故当种群的年龄组成为增长型时，某种群的数量在短期内也可能保持稳定；蜘蛛、蜈蚣活动能力弱，活动范围小，应该用样方法调查种群密度。选A。

【题例2】某湖泊因生活污水和工业废水的排放引起水体蓝藻大量繁殖，出现水华。科研人员运用生物学相关原理对该湖泊水华进行治理。回答以下问题：

(1) 科研人员选择种植某些水生植物用于治理该湖泊的水华，所选择的植物需具备哪些特点？_____（写出两点）。种植一段时间后，还需定期打捞收割引入湖泊中的这些植物，目的是_____。

(2) 湖泊中的多种生物可构成复杂的食物网，理由是_____。已知水体中存在着由蓝藻→浮游动物→食浮游动物鱼类→食肉鱼类组成的食物链，科研人员可通过_____或_____调整不同鱼类在湖泊中的种群数量，达到治理水华的目的。

【参考答案】

(1) 竞争阳光的能力比蓝藻强、对N和P的吸收效率高；防止其死亡后经微生

物分解，将氮和磷重新释放到水体中。(2) 一种生物以多种生物为食，同时可被多种生物捕食；增加食肉鱼类数量，减少食浮游动物鱼类数量。

【题例3】在一特定的海域中投放人工鱼礁，通过移植海藻等方式可以形成"海洋牧场"，进而可进行立体养殖，底层养殖海参等海珍品，中下层养殖各种鱼类，上层可进行筏式养殖、休闲垂钓。目前，南澳岛在推进"海洋牧场"的建立。

(1) "海洋牧场"中的生物群落具有明显的____结构，这种结构的优点是____。

(2) "海洋牧场"中的生物多样性得到了提高，从而增强了该生态系统的____能力。

(3) 该人工渔场有海藻等生产者，但仍需定期投放饲料，从生态系统的功能角度分析，原因是____、____。在保证鱼类产出的同时该生态系统还同时兼顾了休闲观光的功能，这体现了生物多样性的____价值。

【参考答案】(1) 垂直；提高空间和资源的利用率。(2) 自我调节；(3) 海藻等生产者固定的太阳能不足以满足鱼类的需求。鱼类不断地从该生态系统输出，其中的元素不能回归该生态系统；直接。

【题例4】近年来，融生态农业与旅游观光为一体的新型农家乐悄然兴起。如图3-8是某农家乐生态系统结构简图，据图回答问题：

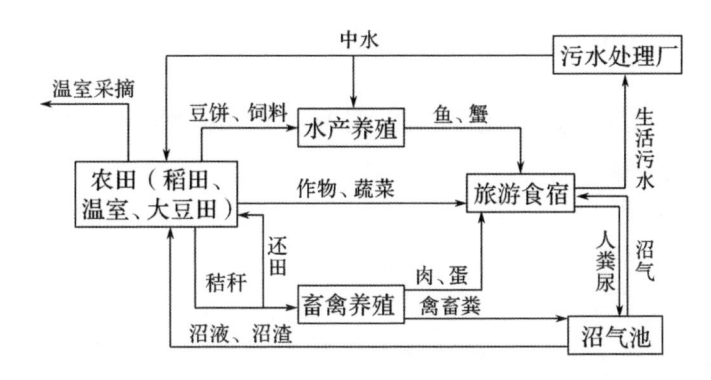

图3-8 某生态系统结构简图

(1) 该生态系统的结构包括____和____。

(2) 用沼气池中的沼渣、沼液给作物施肥，比直接施用禽畜粪肥效率更高的原因是____。

(3) 假设该农家乐生态系统将所生产玉米的1/3作为饲料养鸡，2/3供人食用，生产出的鸡供人食用，现调整为2/3的玉米养鸡，1/3供人食用，生产出的鸡仍供人食用，理论上，该农家乐生态系统供养的人数将会____（填"增多""不变"或"减少"），理由是____。

（4）该生态农业与传统农业相比，具有的优点有_____（写出两条即可）。

【参考答案】（1）生态系统的组成成分；营养结构（食物链和食物网）。（2）沼气池中的微生物将禽畜粪中的有机物分解成无机物，有利于植物吸收。（3）减少；改变用途的1/3玉米被鸡食用后，在鸡这一环节散失了部分能量，导致人获得的能量减少。（4）物质循环利用、能量多级利用、减少环境污染（写出两条即可）。

【题例5】科研人员根据如图模型构建了人工湿地净化系统，用于净化城市生活污水，其中种植区种植了多种湿地植物。回答下列问题：

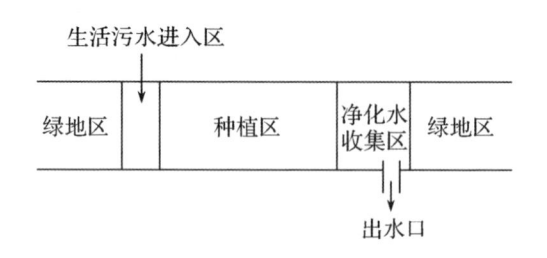

图3-9 人工湿地净化系统示意图

（1）科研人员在种植区种植湿地植物时，针对湿地植物需要考虑的问题有_____（答出两点）。

（2）输入图中种植区的总能量为_____。输入湿地植物的能量除了用于植物自身生长、发育和繁殖等生命活动，储存在植物体的有机物中外，还有一部分的去向是_____。

（3）如果生活污水污染严重，科研人员在利用该人工湿地净化水质的实际操作中要保证生活污水流入该人工湿地的速率不能过大，其主要原因是_____。

【参考答案】
（1）湿地植物净化城市生活污水的能力、不同湿地植物之间的数量配比、不同湿地植物之间的相互作用等（合理即可）。
（2）湿地植物光合作用所固定的太阳能和生活污水中有机物所含有的化学能；通过呼吸作用以热能的形式散失。
（3）生态系统的自我调节能力是有一定限度的，生活污水流入该人工湿地的速率过大，可能导致该湿地生态系统崩溃（合理即可）。

【题例6】塞罕坝草原是国家5A级旅游景区，它曾是清朝皇家猎苑"木兰围场"的一部分，后因砍伐严重逐渐退化，直到"飞鸟无柄树、黄沙遮天日"。后来，塞罕坝人无畏困难，铸成"绿色屏风"，创造了"沙漠变绿洲、荒原变林海"的绿色传奇。结合所学知识回答问题：

（1）随着时间的推移，辅以有效的人为手段，草原群落会逐渐恢复到砍伐前的状态，这个过程在生态学上称为_____。在此过程中，人类活动对它的影响是_____。

（2）区别不同群落最重要的特征是_____，在群落的演替过程中，灌木群落代替草本群落的原因是_____。

（3）草原上草的"绿色"为昆虫提供了采食的信息，这体现了信息传递在生态系统中的作用是_____。

（4）在草原恢复初期的1~15年，物种多样性快速上升，15~20年，物种多样性略低于第15年，原因可能是_____。群落演替达到顶极阶段的过程中，能量输入总量的变化趋势为_____。

【参考答案】

（1）群落演替；使演替按照不同于自然演替的速度和方向进行，加速生态恢复。（2）物种组成；灌木长得更高大，在竞争阳光中占优势。（3）调节种间关系，维持生态系统稳定。（4）具有生存优势的物种出现，使某些物种在竞争中被淘汰；逐渐增大直至稳定。

第2节 "科学思维"维度的素养目标和问题微创设

一 "科学思维"维度的素养目标

（一）科学思维的内涵

"科学思维"是指尊重事实和证据，崇尚严谨和务实的求知态度，运用科学的思维方法认识事物、解决实际问题的思维习惯和能力。

从科学思维的内容来看，包括求知态度、思维习惯和能力。思维习惯或能力包括归纳与概括、演绎与推理、模型与建模、批判性思维、创造性思维等。它是一套策略性和元策略性的认知活动过程，其目标最终指向新知识的获得。科学思维主要包含三个要素：对实验方法的理解，解释数据的能力，以及对科学知识的理解。如图3-10所示。

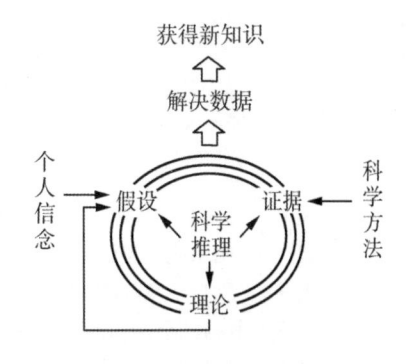

图3-10 指向获得新知识的科学思维要素结构示意图

（二）科学思维素养水平划分

表3-6　科学思维素养水平划分

素养水平	素养2：科学思维
水平一	能够认识到生物学概念都是基于科学事实经过论证形成的,并能用这些概念解释简单的生命现象
水平二	能够以特定的生物学事实为基础形成简单的生物学概念,并用文字或图示的方式正确表达,进而用其解释相应的生命现象
水平三	能够从不同的生命现象中,基于事实和证据,运用归纳的方法概括出生物学规律,并在某一给定情境中,运用生物学规律和原理,对可能的结果或发展趋势作出预测或解释,并能够选择文字、图示或模型等方式进行表达并阐明其内涵
水平四	能够在新的问题情境中,基于事实和证据,采用适当的科学思维方法揭示生物学规律或机制,并选用恰当的方式表达、阐明其内涵。在面对生活中与生物学相关的问题并作出决策时,利用多个相关的生物学大概念或原理,通过逻辑推理阐明个人立场

（三）科学思维学业质量水平

表3-7　科学思维学业质量水平

水平	质量描述	学业质量水平与考试评价的关系
1	能认识到生物学概念是基于科学事实,经过归纳与概括、演绎与推理等方法形成的;能理解分子与细胞、遗传与变异等相关概念的内涵;能用上述概念和科学思维方法解释简单情境中的生命现象	一、二级水平,除解决问题的情境相对简单和解决问题的程度相对较低外,涉及的大概念、方法等仅限于必修课程内容,是本学科学业水平合格考试的命题依据
2	能基于特定的生物学事实,采用归纳与概括、演绎与推理等方法,以文字、图示的形式,说明分子与细胞、遗传与变异等相关概念的内涵;针对生物学相关问题,能运用科学思维方法展开探讨;在面对有争议的社会议题时,能利用生物学重要概念或原理,通过逻辑推理阐明个人立场	
3	能基于给定的事实和证据,采用归纳与概括、演绎与推理等方法,以文字、图示或模型的形式,说明分子与细胞、遗传与变异、稳态与调节、生物与环境等相关概念的内涵,举例说明生物工程与技术的原理及其与社会之间的关系;针对生物学相关问题,能运用科学思维方法展开探讨、审视或论证;在面对有争议的社会议题时,能利用生物学重要概念或原理,通过逻辑推理阐明个人立场,作出决策	三、四级水平,解决问题的情境相对复杂,解决问题的程度要求相对较高,涉及的大概念、方法等包括必修课程和选修课程的全部内容,是本学科学业水平等级性考试的命题依据

(续表)

水平	质量描述	学业质量水平与考试评价的关系
4	能基于事实和证据,采用归纳与概括、演绎与推理、模型与建模等方法,以恰当的形式阐释分子与细胞、遗传与变异、稳态与调节、生物与环境等相关概念的内涵,论述生物工程与技术的原理及其与社会之间的关系;在面对生产、生活中与生物学相关的新问题情境时,能熟练运用科学思维方法展开探讨、审视或论证;在面对有争议的社会议题时,能利用生物学重要概念或原理,通过逻辑推理阐明个人立场,作出决策并解决问题	

（四）教学案例

寻找疯牛病的病原体

生物学教学中探究有多种不同的方式。除了实验探究,通过对资料的分析进行探究也是一种常用的学习方式,关键在于教师对素材的选择和组织。通常,社会和学生关注的、与教材相关的问题教师可优先考虑选用。教师可充分利用这些素材引导学生提出问题,寻找证据,培养学生的科学思维。

例如,教师可就"疯牛病"这一社会关注的生物学议题,收集有关资料,在课堂上或网络平台上和同学们一起探讨这个问题。

情境设置:简介欧洲某些国家疯牛病发生和传播的事实。教师提出一系列环环相扣的问题引导讨论。

1. 为什么国家要严格控制牛肉的进口？这说明疯牛病有什么特点？
2. 哪些病原体会导致传染病？
3. 如果有一种原因不明的传染病,如何着手寻找它的病原体？
4. 应该从病牛的哪些（个）部位提取病原体？
5. 如何鉴别引发疯牛病的病原体（寄生虫、细菌、病毒等）？
6. 陶瓷纤维过滤器能否滤除病毒？
7. 根据实验结果,可以对该病原体的性质和大小作出什么判断？
8. 能否根据这一项实验结果就断定病原体是病毒？会不会还有其他的可能？
9. 如果认为病原体可能是病毒,试设计杀灭病毒的探究方案。
10. 实验结果否定了病原体是病毒,病原体可能是蛋白质吗？
11. 如何检验病原体是否是蛋白质？

最后教师进行总结：疯牛病的病原体是一种结构改变了的蛋白质。由于这种蛋白质能像病毒一样传播疾病，因而称为"朊病毒"。教师还可提供一些有关朊病毒研究的网址和资料，鼓励有兴趣的同学通过查阅资料对朊病毒进行更深入的探索。

【评析】从教学策略的角度来看，这是一个基于资料分析的探究教学案例。该案例鲜明地展示出以下特征：(1) 教师课前精心收集、遴选和加工图文资料，设计探究情境；(2) 由表及里地提出结构化的、有启发性的问题串；(3) 引导学生一步步地深入思考、积极交流。通过以上备课和教学过程，促使学生进一步养成"科学思维"与"科学探究"的生物学学科核心素养。

本案例参见《普通高中生物学课程标准》。

二 "科学思维"维度的问题微创设

在课程标准中，从"科学思维"的内容来看，主要包括求知态度、思维习惯和能力，其中思维习惯或能力包括归纳与概括、演绎与推理、模型与建模、批判性思维、创造性思维等。

(一) 归纳与概括问题微创设

【归纳与概括的内涵】

归纳是指从许多个别的事物中概括出一般性概念、原则或结论的思维方法。归纳法分为完全归纳法和不完全归纳法。概括（generalization）是思维过程的一种，人脑在比较和抽象的基础上，把抽象出来的事物的共同的本质特征综合起来，并推广到同类事物上去的过程。所有科学概念和定理都是高度概括的产物。

【题例赏析】

【题例1】生物科学史能使学生沿着科学家探索生物世界的道路，理解科学的本质和科学研究的思路和方法，学习科学家献身科学的精神。它蕴含着丰富的科学思想、科学方法、科学世界观、科学精神和科学态度等内容，具有很高的教育价值。尤其是生物科学史中的许多经典实验，是培养学生科学素养的最好范例。它是指研究和理解自然界的结构和功能的发展历史，是真实发生的事件。生物学科学史中归纳法的运用实例如下：

(1) 施莱登和施旺观察了部分动植物的组织，归纳出"所有的动植物都是由细胞构成的"，提出了细胞学说。

(2) 奥德姆和林德曼等生态学家研究了少数几个生态系统的能量流动情况，就归纳总结出生态系统的能量流动规律：单向流动，逐级递减。

(3) 达尔文自然选择学说的提出。

(4) 天才预言家魏斯曼从理论上预测：在卵细胞和精子成熟的过程中，必然有一个特殊的过程使染色体数目减少一半,受精时,精子和卵细胞融合,恢复正常的染色体数目。魏斯曼预言的特殊过程其实是减数分裂,后来被其他科学家的显微镜观察所证实。

【题例2】围绕有关分泌蛋白合成和分泌创设微问题,注意5个"关键词"。

(1) 分泌蛋白从合成到分泌至细胞外的途径为:核糖体→内质网→高尔基体→细胞膜。

(2) 与分泌蛋白的合成和分泌有关的结构为:核糖体、内质网、高尔基体、细胞膜、线粒体。

(3) 与分泌蛋白的合成和分泌有关的具膜结构为:内质网、高尔基体、细胞膜、线粒体。

(4) 与分泌蛋白的合成和分泌有关的细胞器为:核糖体、内质网、高尔基体、线粒体。

(5) 与分泌蛋白的合成和分泌有关的具膜细胞器为:内质网、高尔基体、线粒体。

【题例3】比较细胞器线粒体与叶绿体的结构及功能。

表3-8 线粒体和叶绿体的结构及功能比较表

	比较项目	线粒体	叶绿体
不同点	结构	外膜、内膜、基质、嵴	外膜、内膜、基粒、基质
	增大膜面积的方式	内膜向内腔折叠形成嵴	由囊状结构堆叠而成的基粒
	完成的生理过程	有氧呼吸的主要场所,完成有氧呼吸的第二、三阶段	光合作用的场所,完成光合作用的全过程
	所含酶的种类	与有氧呼吸有关的酶,分布于内膜和基质中	与光合作用有关的酶,分布于类囊体薄膜和基质中
	物质转化	有机物→CO_2+H_2O	CO_2+H_2O→有机物
	能量转化	有机物中的化学能→ATP中的化学能+热能	光能→ATP中的化学能→有机物中的化学能
	ATP	线粒体产生的ATP可供各项生命活动利用	叶绿体产生的ATP满足暗反应的需要
相同点		(1)均具有双层膜;(2)都含少量DNA和RNA,是半自主性细胞器(含核糖体,可复制、转录、翻译);(3)都能产生ATP,与能量转换有关;(4)都参与碳循环;(5)都既有水消耗又有水产生。	

【题例4】请用衍射法归纳水的产生、利用、吸收及其调节。(见图3-11)

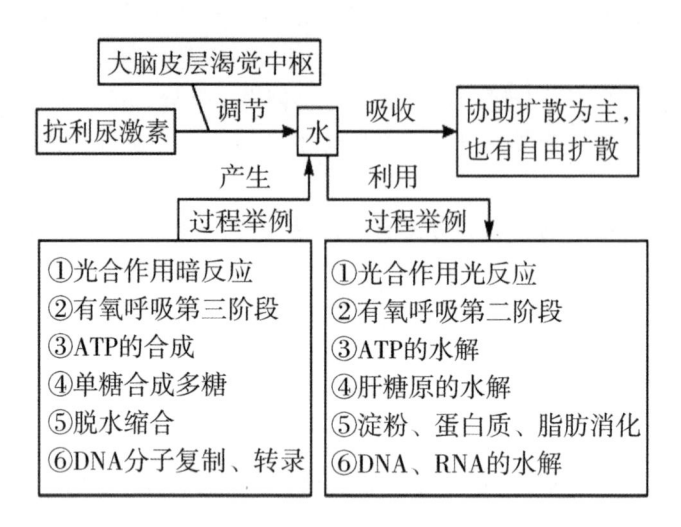

图3-11 水的产生、利用、吸收及其调节简图

【题例5】图解归纳判断细胞呼吸方式的三大依据。(见图3-12)

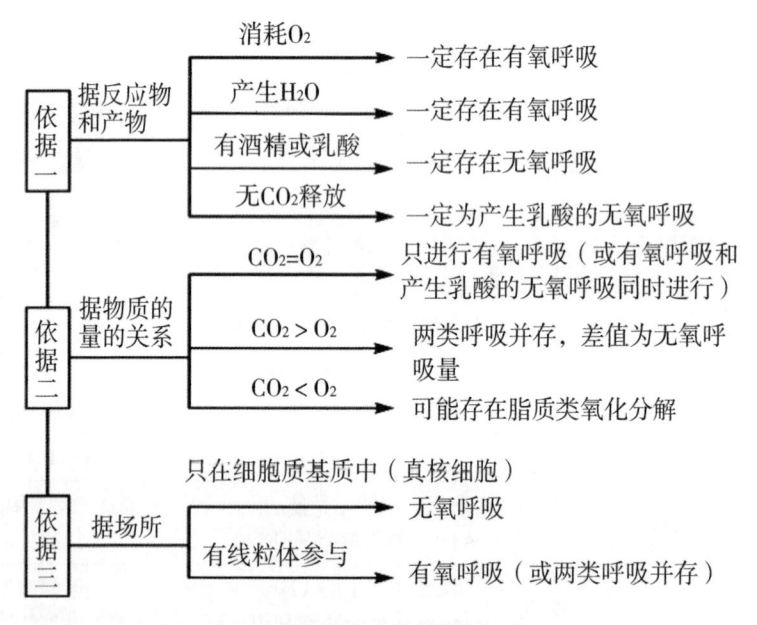

图3-12 细胞呼吸方式的判断简图

【题例6】洋葱是理想的实验材料，可以"一材多用"，请思考：洋葱可以用来完成哪些实验材料？并说明取材的原因。

表3-9 洋葱为材料的实验名称及原因归纳

取材部位	实验名称	取材原因
根	观察根尖分生组织细胞的有丝分裂	材料易得,且分生区细胞分裂能力强,染色体数目少,易于观察
根	低温诱导植物染色体数目的变化	材料易得,且低温(4℃)下根尖也能分裂生长,诱导染色体变异率较高
鳞片叶	使用高倍显微镜观察细胞的多样性	细胞较大,外表皮细胞有大液泡,内表皮细胞有明显的细胞核
鳞片叶	观察DNA和RNA在细胞中的分布	内表皮细胞近于无色,便于染色观察
鳞片叶	植物细胞的质壁分离和复原	外表皮细胞含紫色大液泡
管状叶	叶绿体中色素的提取和分离	色素含量多

【题例7】从文字描述角度,比较净光合作用和真正光合作用。(见表3-10)

表3-10 净光合作用和真正光合作用的比较

真正光合作用速率的表述	净光合作用速率的表述
(1)植物光合作用吸收的二氧化碳量;(2)植物叶绿体吸收的二氧化碳量;(3)植物光合作用产生、制造的氧气量;(4)植物叶绿体释放的氧气量;(5)植物光合作用产生、制造、合成有机物(或葡萄糖)的量;(6)植物叶绿体产生、制造、合成有机物(或葡萄糖)的量;	(1)植物叶片吸收的二氧化碳量;(2)容器中减少的二氧化碳量;(3)植物叶片释放的氧气量;(4)容器中增加的氧气量;(5)植物叶片积累或增加的有机物(或葡萄糖)的量。

(二)"演绎与推理"问题微创设

【假说—演绎的内涵】

在观察和分析基础上提出问题以后,通过推理和想象提出解释问题的假说,根据假说进行演绎推理,推出预测的结果,再通过实验来检验。如果实验结果与预测相符,就可以认为假说是正确的,反之,则可以认为假说是错误的。假说演绎法包括五个基本环节,即"提出问题→作出假设→演绎推理→实验检验→得出结论"。如果实验结果与预期结论相符,就证明假说是正确的,反之,则说明假说是错误的。假说演绎法实例:(1)孟德尔的豌豆杂交实验;(2)摩尔根证明基因在染色体上;(3)DNA复制方式的提出与证实,以及整个中心法则的提出与证实;(4)遗传密码的破译。

【题例赏析】

【题例】假说演绎法的步骤是( )

①观察分析、提出问题　②演绎推理、作出预期
③设计实验、验证预期　④推理想象、提出假说

A.①②③④　　B.②③①④　　C.③④②①　　D.①④②③

【答案】D

【解析】以孟德尔的豌豆杂交实验为例：

(1) 提出问题：孟德尔通过七对相对性状的实验提出问题，为什么F_1只有一种性状而F_2却有两种性状且比例为3:1呢？

(2) 做出假说：孟德尔的对分离现象进行的四个解释。

(3) 演绎推理：如果上述假说是正确的，那么F_1与隐性个体杂交（测交），后代有两种表现型且比例为1:1。

(4) 验证假说：进行测交实验，观察后代的表现型及比例。实验结果与推理的结果完全一致。

(5) 得出结论：孟德尔分离定律。

(三)"模型与建模"问题微创设

【模型与建模的内涵】

模型是人们为了某种特定目的而对认识对象所作的一种简化的概括性的描述，这种描述可以是定性的，也可以是定量的；有的借助于具体的实物或其他形象化的手段，有的则通过抽象的形式来表达。

模型一般可分为物理模型、概念模型和数学模型三大类，这三类模型的比较如表3-11所示。

表3-11　三类模型比较

种类	概念	特点	教材实例
物理模型	以实物或图片形式直观表达认识对象的特征。根据相似原理，把真实事物按比例放大或缩小制成的模型，其状态变化和原事物基本相同，可以模拟客观事物的某些功能和性质	实物或图画的形态结构与真实事物的特征、本质非常相像，大小一般是按比例放大或缩小的	1.细胞结构模式图；2.用塑料、纸片等制作的细胞结构模型；3.生物膜流动镶嵌模型；4.用橡皮泥等制作的减数分裂染色体变化模型；5.DNA分子双螺旋结构模型；6.食物链和食物网模式图；7.生物体结构的模式标本等
概念模型	指以图示、文字、符号等组成的流程图形式对事物的规律和机理进行描述、阐明	图示比较直观化、模式化，由箭头等符号连接起来的文字、关键词比较简明、清楚，它们既能揭示事物的主要特征、本质，又直观形象、通俗易懂	1.细胞结构概念图；2.物质出入细胞方式概念图；3.光合作用示意图；4.中心法则图解；5.达尔文的自然选择学说的解释模型；6.血糖平衡调节图解；7.免疫过程图解；8.过敏反应机理图解等

(续表)

种类	概念	特点	教材实例
数学模型	用来定性或定量表述生命活动规律的计算公式、函数式、曲线图以及由实验数据绘制成的柱形图、饼状图等	建构过程一般包括以下步骤:提出问题——作出假设——建立模型——检验或修正模型	1.组成细胞的化学元素含量饼状图;2.酶的活性受温度、酸碱度影响的曲线;3.随光照强度、温度、CO_2浓度等条件变化时光合作用强度的变化曲线;4.有丝分裂和减数分裂过程中染色体、染色单体以及DNA数量的变化规律的曲线;5.基因分离定律和自由组合定律的图表模型;6.碱基与氨基酸数量的对应关系图表;7.种群基因频率的变化曲线及柱状图;8.自然选择对种群基因频率的影响曲线及柱状图;9.同一植物不同器官对生长素浓度的反应曲线;10."J"形和"S"形种群增长曲线;11.种群增长"J"形曲线的公式 $N_t = N_0 \lambda^t$;11.生态系统能量金字塔、数量金字塔和生物量金字塔等

【题例赏析】

【题例1】数学方法在生态学研究中被广泛应用,而每个数学模型的应用都具有一定的限度和范围。下列各项叙述正确的是(　　)

A.在一块稻田中选取稗草较多的地方取样,所取样本的平均数可估算稻田中稗草的种群密度

B.标志重捕法利用了标记个体与未标记个体在重捕时被捕概率不同的特点

C.采用标志重捕法,可准确统计某海洋鱼类的种群密度并制订捕捞计划

D.利用灯光诱捕昆虫的方法,根据多年数据可绘制出某种群数量动态模型

【解析】样方法要求做到随机取样,适用于植物和活动能力弱的动物;标志重捕法利用了标记个体与未标记个体在重捕时被捕概率相同的特点,来估算某种活动能力强、运动范围较大的动物的种群密度;标志重捕法只能大致估算种群密度,不能准确统计;利用灯光诱捕昆虫的方法,可获得一定量的昆虫,如果长期观测、多年积累,可以获得某种昆虫的数量值。在生产实践中,如果结合田间昆虫的数量和气象因子等环境条件,可绘制出某种群数量动态模型,对害虫的发生期和发生量进行预测。选D。

【题例2】减数分裂和有丝分裂的曲线题分析

(1)染色体与核DNA数目变化曲线的判断(见图3-13、3-14)

①曲线模型

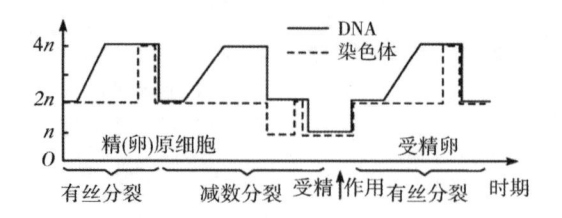

图 3-13　有丝分裂和减数分裂的染色体与 DNA 数目变化曲线图

②判断方法

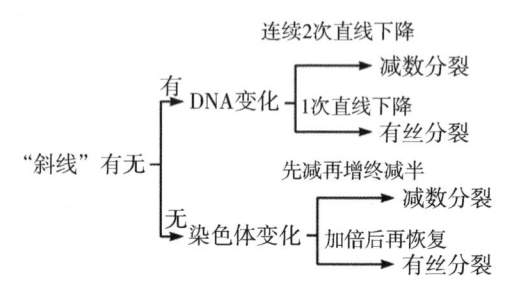

图 3-14　有丝分裂与减数分裂的判断简图

（2）每条染色体上的 DNA 含量及 DNA/染色体比值（或染色体/DNA 比值）的曲线分析（见图 3-15）

曲线模型

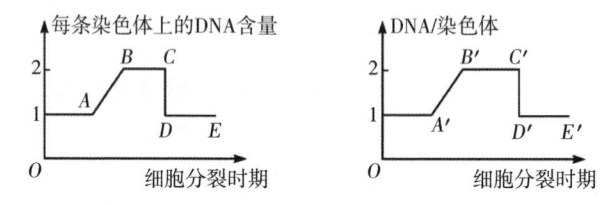

图 3-15　细胞分裂中每条染色体上的 DNA 含量和 DNA/染色体比值曲线图

（3）图 3-16 表示基因型为 AaBb 的雄果蝇某细胞在分裂过程中，每条染色体上 DNA 含量的变化。下列叙述错误的是（　　）

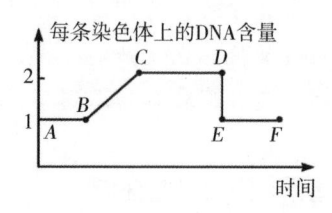

图 3-16　细胞分裂中每条染色体上的 DNA 含量变化图

A. E 点时单个细胞中含有0条或2条Y染色体
B. DE 段下降的原因是着丝粒分裂，姐妹染色单体分离
C. 若 D 点时细胞基因型为AAaaBBbb，则其子细胞只有一种基因型
D. CD 段细胞内始终含有同源染色体

【解析】E 点可能表示有丝分裂后期，此时着丝粒分裂，细胞尚未分裂成2个，故有2条Y染色体。E 点也可能表示减数第二次分裂后期，此时着丝粒分裂，可能形成2条X染色体，也可能形成2条Y染色体，A项正确。DE 段表示每条染色体上的DNA数目由2变为1，是由后期着丝粒分裂导致的，此时姐妹染色单体发生分离，B项正确。C 点时细胞内有4个染色体组，说明是有丝分裂，有丝分裂前期DNA已经复制完成，故基因型为AAaaBBbb，而分成两个子细胞后基因型恢复为AaBb，B项正确。CD 段每条染色体含有2个染色单体，含有2个DNA分子，处于有丝分裂前期和中期、减数第一次分裂、减数第二次分裂前期和中期，若处于减数第二次分裂前期和中期，细胞内不含有同源染色体。D项错误。

【题例3】依托"数学模型"所表征的规律来创设问题，采用"类比""迁移""拓展"等方法激发学生发散思维，表4-7中坐标曲线图能表示哪些生物学含义呢？

表3-12　数学模型中坐标曲线图所体现的生物学涵义

序号	数学模型	生物学涵义
1	（上升后趋于平稳的曲线）	(1)有氧呼吸强度与O_2浓度的关系 (2)植物细胞吸收矿质元素离子速率与呼吸强度的关系 (3)主动运输某种物质（如K^+）的数量与呼吸强度的关系 (4)ATP的产生量与呼吸强度的关系 (5)物质运输以协助扩散或主动运输的方式进行时,物质运输速率与物质浓度的关系 (6)酶促反应速度与反应物浓度的关系 (7)植物光合作用强度与光照强度的关系 (8)一对等位基因的杂合子,其自交后代中纯合子的数量与其自交代数的关系 (9)在环境有限时,种群的种内斗争与种群数量的关系
2	（S形曲线）	(1)O_2浓度与细胞呼吸强度的关系 (2)O_2浓度与ATP生成量的关系 (3)O_2浓度与植物细胞吸收矿质元素离子速率的关系 (4)主动运输某种物质（如K^+）的数量与O_2浓度关系 (5)自然状态下,种群数量与时间的关系（种群数量的S形增长曲线） (6)发生渗透吸水的细胞重量与时间的关系 (7)质壁分离后进行复原的细胞重量与时间关系

(续表)

序号	数学模型	生物学涵义
3	(倒U形曲线图)	(1)一定范围内温度对酶活性的影响 (2)一定范围内pH值对酶活性的影响 (3)生长素浓度对植物器官(根、芽、茎)生长(或生长速率)的影响 (4)温度(或pH)与呼吸作用强度、光合作用强度的关系 (5)植物叶片中干物质积累量与叶面积指数的关系 (6)群落中物种的丰富度与地球纬度的关系 (7)发生质壁分离及复原的植物细胞,其细胞液浓度(或细胞吸水能力)大小与时间的关系 (8)在食物链中,被捕食者被捕杀前后在数量上的变化与时间的关系 (9)在生活资源有限的条件时,种群的增长率与时间(或种群数量)的关系 (10)植物叶片中K^+含量与叶龄的关系
4	(b下降、a上升交叉曲线)	(1)生态系统的抵抗力稳定性(a)、恢复力稳定性(b)与生态系统的营养结构复杂程度或物种丰富度的关系 (2)植物根、芽(或茎)的生长速率与一定的生长素浓度之间的关系 (3)在水平衡调节过程中,抗利尿激素分泌量、细胞外液渗透压变化与时间的关系 (4)胰岛素、胰高血糖素(肾上腺素)的含量变化与血糖浓度的关系 (5)变温动物、恒温动物的耗氧量与环境温度的关系 (6)酵母菌进行有氧呼吸、无氧呼吸的强度与O_2浓度的关系 (7)植物细胞的细胞液浓度(或细胞吸水能力)、原生质层的体积(或液泡体积)与发生质壁分离(或复原)时间的关系
5	(b下降、a上升交叉曲线)	(1)在竞争关系中,两个竞争者的种群数量与时间的关系 (2)在激素分泌的负反馈调节过程中,甲状腺激素(或性激素)、促甲状腺激素(或促性腺激素)与时间的关系 (3)在体液免疫过程中,抗体数量、抗原(如病菌等)数量与一段时间的关系 (4)艾滋病感染者在某一时期内,体内T淋巴细胞浓度、HIV浓度与时间的关系 (5)叶绿体体内[H]和ATP的生成量、C_3化合物的剩余量与光照强度的关系 (6)某细胞有丝分裂过程中染色体的着丝点与中心粒之间的平均距离、着丝点分裂后形成的两个子染色体的着丝点之间距离与时间的关系

【题例4】数学模型应用：影响光合作用速率的因素曲线归类。（见表3-13、3-14、3-15）

表3-13 外部因素对光合作用速率的影响

影响因素		曲线图	曲线含义	生产实践中的应用
外部因素	光照强度	光照强度与CO_2吸收量的关系	A点表示在光照强度为零时，植物只进行呼吸作用，CO_2释放量（主要与温度有关）表示此时的呼吸作用强度；B点为光补偿点，表示在该光照强度下，呼吸速率等于光合速率；C点为光饱和点，表示光合作用速率达到最大时的最低光照强度	适当延长光照时间；合理密植，增加光合作用面积；阴雨天气适当补充光照，增加光合作用强度；轮作
	光质	光照强度与光质对光合强度的影响	最初光合作用强度就有差异（说明与温度和CO_2浓度这两个因素没有关系），不同的光质影响光反应，随光强度的增强，最终都能达到光的饱和的	农作物宜种植在全光照下，大棚作物宜用无色塑料薄膜
	CO_2浓度	CO_2浓度对光合作用强度的影响	A点表示CO_2补偿点，即光合速率等于呼吸速率时的CO_2浓度；A′点表示进行光合作用所需CO_2的最低浓度。B和B′点都表示CO_2饱和点	施用有机肥；温室栽培农作物，可以适当提高CO_2浓度；在农业生产上可以增加空气流动来增加CO_2浓度，如"正其行，通其风"

(续表)

影响因素		曲线图	曲线含义	生产实践中的应用
外部因素	温度	温度对光合速率的影响	B点对应的温度是酶的最适温度,光合作用强度最大。温度主要通过影响暗反应中酶的催化效率来影响光合速率;温度过高,酶的活性降低,蒸腾作用过强,气孔关闭,CO_2供应减少也间接影响光合速率	适时播种;温室中,适当增加昼夜温差,保证植物有机物的积累
	矿质元素	矿质元素对光合作用强度的影响	矿质元素是参与光合作用的许多重要化合物的组成成分,缺乏会影响光合作用的进行。例如,N是的组成元素,N、P是ATP的组成元素,Mg、N是叶绿素的组成元素等	在一定浓度范围内,增大必需矿质元素的供应,可提高光合作用强度;但当超过一定浓度后,会因土壤溶液浓度过高,植物发生渗透失水而导致植物光合作用强度下降。做到合理灌溉、合理施肥

表3-14　内部因素对光合作用速率的影响

影响因素		曲线图	曲线含义	生产实践中的应用
内部因素	植物自身遗传因素（阳生植物与阴生植物为例）	光照强度对阳生植物/阴生植物的影响（曲线图：纵轴为CO_2吸收/CO_2释放，横轴为光照强度，阳生植物与阴生植物两条曲线）	阳生植物的呼吸作用强度、光补偿点、光饱和点、最大光合作用强度均高于阴生植物	种植农作物时，阳生农作物与阴生农作物间作或套种，提高农作物的光能利用率。水稻和小麦等阳生作物宜种植在阳光充足的地方，人参和胡椒等阴生作物栽培在阴湿的地方
	植物叶片的叶龄	叶龄对植物光合速率的影响（曲线图：纵轴为光合速率，横轴为叶龄，曲线上有A、B、C三点）	一定范围内，幼叶的不断生长，叶面积不断增大，叶内叶绿体不断增多，叶绿素含量不断增多，光合作用不断增加	农作物、果树管理后期适当摘除老叶、残叶，保证植物及时更换新叶，同时可降低其呼吸作用、减少有机物的消耗
	植物叶面积指数	叶面指数与物质量的关系（曲线图：纵轴为物质量，横轴为叶面指数0 2 4 6 8，A 光合作用实际量E、B 干物质量、C 呼吸量，D点）	在一定范围内，随叶面积不断增大，光合作用实际量不断增加，超过一定范围后，光合作用强度不再增加。A点为光合作用面积的饱和点，E点表示光合作用实际量与呼吸量相等，干物质量积累为零。D点后植物无法生长	适当修苗、修剪，合理施肥，避免枝叶徒长，温室栽培植物时，可以通过合理密植来增加光合作用面积

表3-15 多因素对光合作用速率的影响

因素	曲线图	对光合作用的影响	生产实践中的应用
多因素影响光合作用	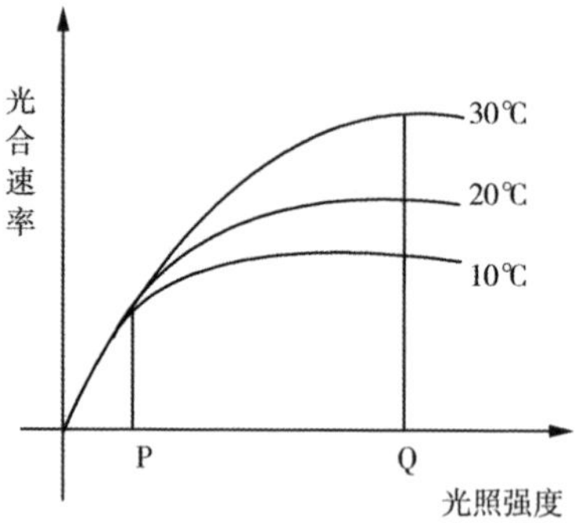 光照强度、不同温度与光合速率的关系 光照强度、不同CO_2浓度与光合速率的关系 温度、不同光照强度与光合速率的关系	P点以前，限制光合速率的因素为横坐标所示的因素；Q点横坐标所示的因素不再是限制光合速率的因素，主要影响因素为坐标图中所标示的其它因素。PQ段的限制因素是横坐标所示的因素和坐标图中所标示的其它因素	温室栽培时，当光照强度适宜时，适当提高温度，同时增加CO_2浓度或当温度适宜时，适当增加光照强度和CO_2浓度，都可以提高光合速率；提高CO_2浓度措施有：施放干冰、施用农家肥、利用CO_2发生器、利用微生物发酵等

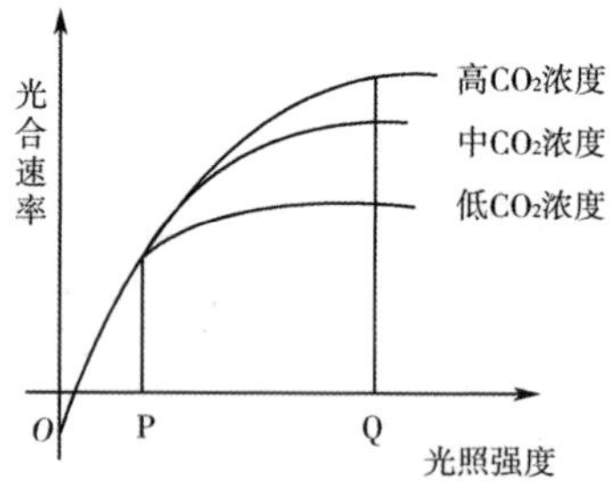

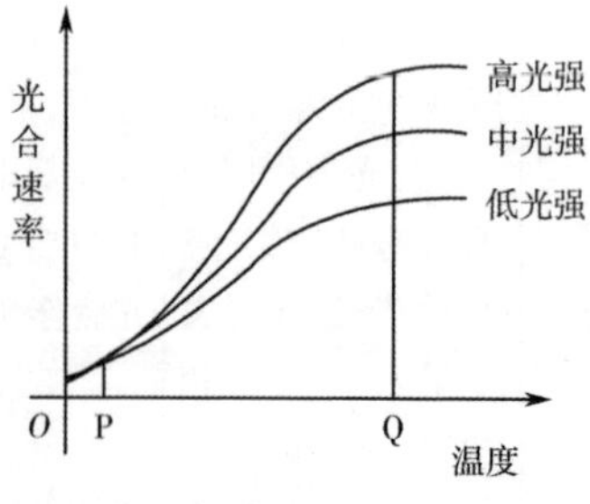

【题例5】数学模型的构建及在解题中的运用：

（1）通过观察发现在图3-17中存在着这样的变化：适当提高CO_2浓度时，A点左移、B点右移和C点右上移，A、B、C三点围成的三角形膨胀变大；适当降低CO_2浓度时，A点右移、B点左移和C点左下移，A、B、C三点围成的三角形变小如图3-18所示。图3-17所示内容为CO_2浓度对某一植物光合作用强度的影响，当改变光照强度时，关键点的移动同上，即适当提高光照强度时，A点左移、B点右移和C点右上移，A、B、C三点围成的三角形膨胀变大；适当降低光照强度时，A点右移、B点左移和C点左下移，A、B、C三点围成的三角形皱缩变小。该规律在此类型题中普遍存在。

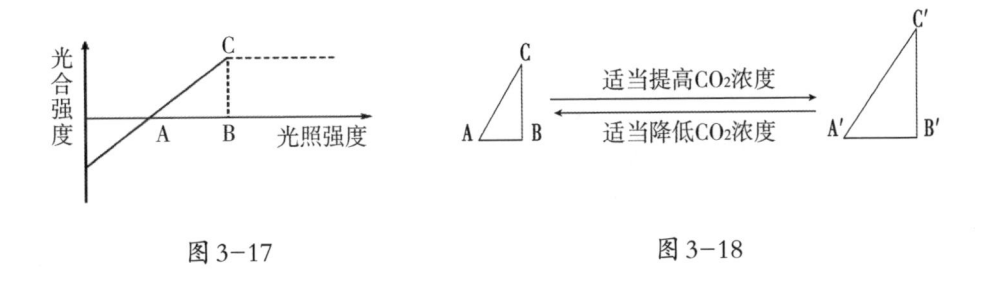

图 3-17

图 3-18

（2）观点呈现：

①在有关光合作用的坐标图中，若某条件的改变使光合作用强度与呼吸作用强度的差值增大，即条件的改变有利于光合作用，则A、B、C三点围成的三角形表现出膨胀变大的趋势，即A点左移、B点右移和C点右上移，如适当提高CO_2浓度、适当提高光照强度。

②若某条件的改变使光合作用强度与呼吸作用强度的差值减小，即条件的改变不利于光合作用，则A、B、C三点围成的三角形表现出皱缩变小的趋势，即A点右移、B点左移和C点左下移。如适当降低CO_2浓度、适当降低光照强度。

【题例6】亲代基因型为Aa的杂合子连续自交，第n代的比例分析

表3-16 一对等位基因连续自交n代子代比例分析

F_n	杂合子	纯合子	显性纯合子	隐性纯合子	显性性状个体	隐性性状个体
所占比例	$\dfrac{1}{2^n}$	$1-\dfrac{1}{2^n}$	$\dfrac{1}{2}-\dfrac{1}{2^{n+1}}$	$\dfrac{1}{2}-\dfrac{1}{2^{n+1}}$	$\dfrac{1}{2}+\dfrac{1}{2^{n+1}}$	$\dfrac{1}{2}-\dfrac{1}{2^{n+1}}$

根据表3-16比例，杂合子、纯合子所占比例坐标曲线图（见图3-19）为：

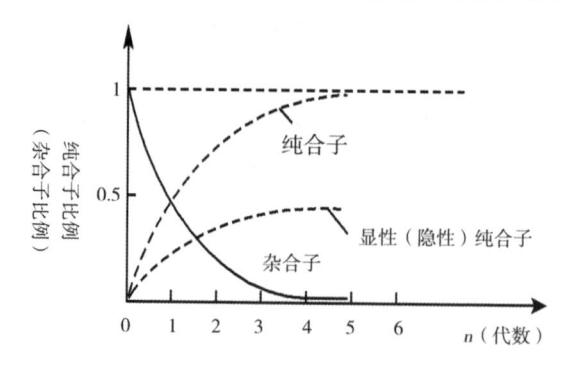

图3-19 自交代数与纯（杂）合子比例坐标图

【题例7】利用模型分析减数分裂细胞中染色体标记情况（见表3-17）

表3-17 减数分裂细胞中染色体标记示意图

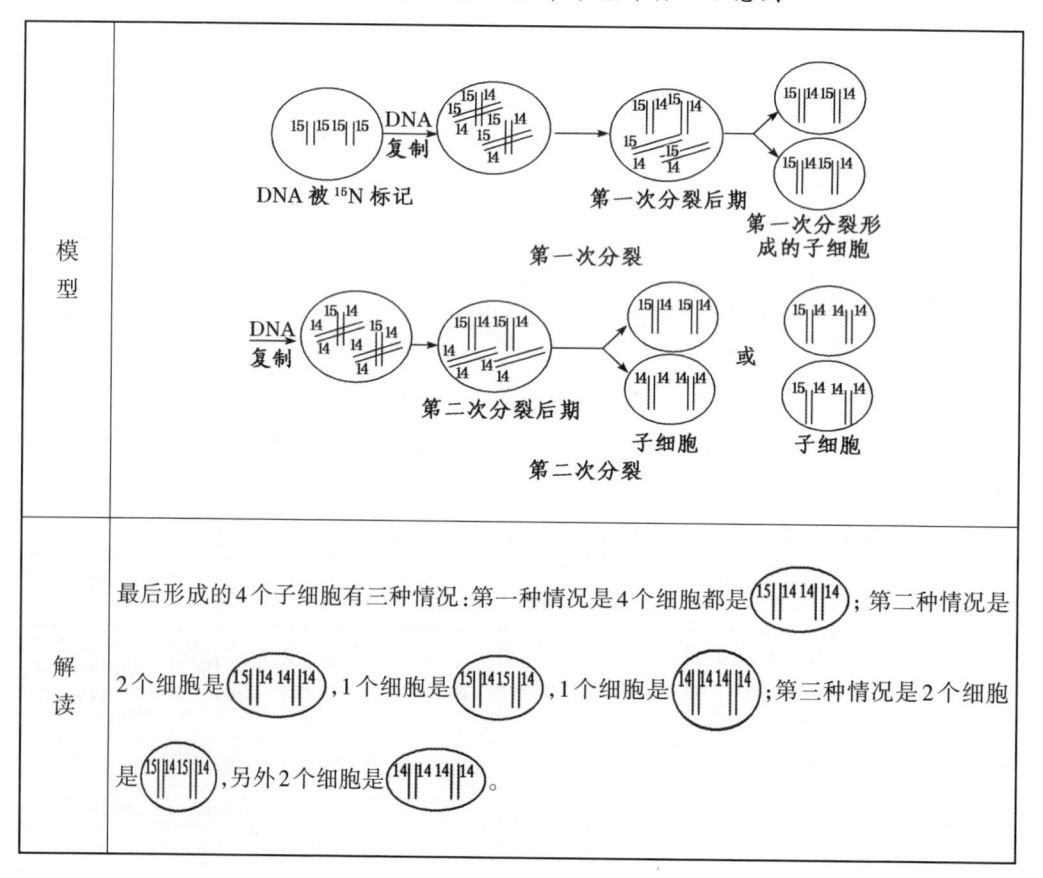

模型	（图示：DNA被 ^{15}N 标记 → DNA复制 → 第一次分裂后期 → 第一次分裂形成的子细胞；DNA复制 → 第二次分裂后期 → 子细胞 或 子细胞）
解读	最后形成的4个子细胞有三种情况：第一种情况是4个细胞都是 ⑮⎮⑭⑭⎮⑭ ；第二种情况是2个细胞是 ⑮⎮⑭⑭⎮⑭ ，1个细胞是 ⑮⎮⑭⑮⎮⑭ ，1个细胞是 ⑭⎮⑭⑭⎮⑭ ；第三种情况是2个细胞是 ⑮⎮⑭⑮⎮⑭ ，另外2个细胞是 ⑭⎮⑭⑭⎮⑭ 。

（四）"批判性思维"问题微创设

【批判性思维的内涵】

批判性思维包括思维过程中洞察、分析和评估的过程。它包括为了得到肯定的判断所进行的可能为有形的或者无形的思维反应过程，并使科学的根据和日常的常识相一致。

【题例赏析】

【题例1】施莱登和施旺只是观察了部分的动植物组织，却归纳出所有的动植物都是由细胞构成的，这一结论可信吗？为什么？这一结论对生物学研究有什么意义？

【题例2】既然人类很难消化纤维素，为什么一些科学家还将纤维素等其他糖类称为人类的"第七类营养素"呢？

【题例3】有学者认为，个体即使产生可遗传的有利变异，如果不能繁殖后代，在进化上也没有意义。因此，主张将"适者生存"改为"适者繁殖"。你同意这种观点吗？

【题例4】你能举例反驳用进废退、获得性遗传的观点吗？

【题例5】既然血糖是供应能量的，血糖越多，能量供应就越充足，血糖含量不是越高越好吗？对此你持什么观点？你的论据是什么？

【题例6】患免疫缺陷的儿童，能否接种疫苗，尤其是减毒疫苗？为什么？

【题例7】有关环境容纳量与现实生活的讨论，学生需要从两种关于人类科技进步与环境容纳量的观点中做出选择，并列举证据。

【题例8】有些威胁生物多样性的生产建设活动，不一定都是人类主观上要对野生动物赶尽杀绝，例如修建调整公路、铁路造成某些野生物种栖息地的碎片化。这些给你什么启示？

（五）"创造性思维"问题微创设

【创造性思维的内涵】

创造性思维是运用开放性、创新性的思维方式应对问题情境，组织相关的知识与能力，注重独立性、批判性、发散性的思考。是一种具有开创意义的思维活动，本质是发散性思维，其思维路线是开放性、扩散性的。它解决问题的方法更不是单一的，而是在多种方案、多种途径中去探索、选择。创造性思维具有广阔性，深刻性、独特性、批判性、敏捷性和灵活性等特点。综合运用直觉的、顿悟的、灵感的、形象的、逻辑的方法，提出新视角、新观点、新方法、新设想，创新性地解决生活实践情境或学习探索情境中的各种问题。

高考评价体系中创新能力的提出反映了当前社会发展对创新型人才的强烈需求。

根据高中学生的认知水平，要求学生根据生活生产实践等情境中的问题，能够运用知识、经验、获取的相应信息，提出新解释、新方法、新思路或得出新结论；或者在已有知识的基础上，能够依据新证据得出新的结论或提出新的观点。

【题例赏析】

【题例1】"锄禾日当午"，请你结合所学的有关生物学知识，谈谈"除草"的意义。

【解析】可以围绕影响植物对矿质元素的吸收、植物的呼吸作用以及物质循环等知识角度进行总结归纳其意义：

（1）可以疏松土壤中的空气，有利于植物根细胞的有氧呼吸，产生更多能量，促进根细胞对矿质元素的吸收。

（2）在增加土壤中的空气的基础上，可以促进土壤中需氧型细菌的呼吸作用，加快对土壤有机质的分解，增加土壤中的矿质元素含量，同时可以增加植物周围CO_2浓度，有利于植物光合作用的进行。

（3）可以促进土壤中硝化细菌的硝化作用，有利于植物对氮元素的吸收。

（4）可以破坏土壤硬化造成的毛细管，降低土壤中水分的散失。

【题例2】科学家认为人造细胞有着广阔的应用前景，你认为可以尝试利用这一技术来解决人类社会中的哪些问题？人造细胞是否会给人类社会带来风险？为什么？

【题例3】利用网络、报刊、专业书籍收集本地区常见遗传病的资料，调查本地区常见遗传病的种类及发病率。探讨本地区遗传病发生的影响因素，提出遗传病的检测和预防措施。

【题例4】乙烯利属于植物生长调节剂，因对水果具有催熟作用，被广泛用于果蔬催熟。但如果超量、超标使用，乙烯利也会对人体健康产生一定的不利影响。请回答：作为消费者，你对使用乙烯利催熟水果有何看法？相关职能部门怎样才能更好地规范和监管乙烯利的使用？试提出你的建议。

【题例5】与天然林相比，人工林更容易受到干旱、病虫害等因素的干扰。预测和论证某一干扰因素可能引发的潜在变化，思考怎样科学抚育人工林才能做到经济效益和生态效益的统一。

【题例6】我国是世界上生物多样性最丰富的国家之一，也是生物多样性受影响最严重的国家之一。2021年10月，联合国首次以生态文明为主题的《生物多样性公约》缔约方大会在中国昆明召开。请你收集当地生物多样性保护实例，分析现有保护措施存在的不足，商讨如何进一步完善。

第3节 "科学探究"维度的素养目标和问题微创设

一 "科学探究"维度的素养目标

(一)科学探究的内涵

"科学探究"是指能够发现现实世界中的生物学问题,针对特定的生物学现象,进行观察、提问、实验设计、方案实施以及对结果的交流与讨论的能力。

科学探究的核心内涵包括探究的问题、方法、过程、结果和交流以及科学态度和精神。其素养水平由一系列能力,如观察能力、提出问题能力、制订并实施方案的能力、获取证据和数据的能力、表达交流的能力等能力组成,其本质是提出问题和解决问题。

(二)科学探究素养水平划分

表3-18 科学探究核心素养水平划分

素养水平	素养3:科学探究
水平一	能够使用简单的实验器具;基于给定的实验方案完成简单的实验,记录相关数据;能以书面的形式将实验结果记录下来
水平二	能够正确使用工具进行观察;提出生物学问题,在给出的多个方案中选取恰当的方案并实施;选用恰当的方法如实记录和分析实验结果;能与他人合作完成探究,以口头或书面的形式与他人展开交流
水平三	能够熟练运用工具展开观察;针对特定情境提出可探究的生物学问题或生物工程需求;基于给定的条件,设计并实施探究实验方案或工程学实践方案;运用多种方法如实记录和分析实验结果;在小组学习中能主动合作,推进探究方案或工程实践的实施,并运用科学术语报告实验结果
水平四	能够恰当选用并熟练运用工具展开观察;针对日常生活的真实情境提出清晰的、有价值的、可探究的生命科学问题或可达成的工程学需求;基于对相关资料的查阅,设计并实施恰当可行的方案;运用多种方法如实记录,并创造性地运用数学方法分析实验结果;能够在团队中起组织和引领作用,运用科学术语精确阐明实验结果,并展开交流

（三）科学探究学业质量水平

表3-19　科学探究学业质量水平

水平	质量描述	学业质量水平与考试评价的关系
1	能针对给定的分子与细胞、遗传与进化等相关的生物学问题，根据实验计划，使用简单的实验器具，按照实验操作步骤进行实验，如实记录实验数据，并分析得出结论，写出实验报告并与他人进行必要的交流；认同在生物学的探究过程中开展合作的必要性	一、二级水平，除解决问题的情境相对简单和解决问题的程度相对较低外，涉及的大概念、方法等仅限于必修课程内容，是本学科学业水平合格考试的命题依据
2	能提出分子与细胞、遗传与进化等相关的生物学问题；能熟练地使用常见的实验器具，制订简单的实验方案或在给出的多个方案中选取恰当的方案并实施，如实记录实验数据，并分析各项数据，得出合理的结论；能与他人合作开展探究活动，规范撰写实验报告，与他人交流所得结果和存在的问题	
3	能够针对特定情境提出可探究的生物学问题或生物工程需求，基于给定的条件，设计并实施探究实验方案或工程学实践方案，运用多种方法如实记录和分析实验结果；能举例说明人类的活动对环境产生的影响，以及生物多样性对生态系统的维持、人类生存和发展的重要意义；能主动合作，推进探究方案或工程实践的实施，并运用科学术语报告实验结果	三、四级水平，解决问题的情境相对复杂，解决问题的程度要求相对较高，涉及的大概念、方法等包括必修课程和选修课程的全部内容，是本学科学业水平等级性考试的命题依据
4	能够针对日常生活和生产中的真实情境，提出清晰的、有价值的、可探究的生命科学问题或生物工程需求，查阅相关资料、设计并实施恰当可行的方案，运用多种方法如实记录，创造性地运用数学方法分析实验结果，并客观分析与评价生物技术产品在生产和生活中的应用所产生的效益和风险；能论证人类的活动对环境产生的影响，阐释生物多样性对生态系统维持、人类生存和发展的重要意义；在生物学的探究过程中起组织和引领作用，运用科学术语精确阐明实验结果，善于沟通，开展有效的合作	

（四）教学案例

检测生物组织中的还原糖、脂肪和蛋白质。

高中生物学课程中的一部分实验属于验证性实验，验证性实验有助于学生理解生物学重要概念、获得相应的实验技能。在精心规划和设计下，这类活动中还可融入探究成分，以发展学生的科学思维和探究能力。

例如，"检测生物组织中的还原糖、脂肪和蛋白质"实验可参考以下设计。

1. 在实验材料的选取上预留出探究空间

课前，教师为每组学生准备萝卜、花生、大豆三类典型的实验材料，提供规范的操作方法；此外，还可为全班准备面粉、番茄、马铃薯、小白菜、甘蓝叶、甘蔗汁、葡萄糖溶液、食用油等当地易获取的材料，为部分学生自主选择实验材料尝试探究提供可能。

2. 重视对实验设计的分析，引导科学探究

学生按照实验操作检测发现萝卜中有还原糖，花生含脂肪，大豆含蛋白质。教师引导学生思考：在实验中为什么选择萝卜、花生、大豆作为典型的实验材料？能否有替代品？如果使用其他材料进行实验，结果又会如何呢？

3. 围绕实验结果展开讨论，发展科学思维

在讨论中引导学生思考：生物组织中是否只含有一种物质，比如萝卜中是否只含有还原糖，有没有蛋白质？能否用萝卜来检测蛋白质？能否检测花生中的还原糖，大豆里的脂肪呢？

【评选】验证性实验通常有明确的实验步骤和预期结果，实验中学生往往会不假思索、按部就班地进行操作，得到预期结果便算完成了任务。本案例在验证性实验的基础上，为学生提供了更为丰富的实验材料，使原本的验证性实验具有了一定的探索空间。在实验中，教师注重了激发学生主动思考和探究的积极性，使其对实验原理、材料选择以及操作要求等有更深刻的理解。这种设计安排，在加强学生动手技能、养成实验室工作习惯、强化生物学概念的同时，也培养了学生的科学思维和科学探究能力。

本案例参见《普通高中生物学课程标准》。

二 "科学探究"维度的问题微创设

实验探究能力是生物学自然科学属性的鲜明体现。科学探究过程中，学生对自然现象的好奇心和求知欲逐步增强，学习科学知识、思维得到发展；科学态度和精神得以养成。掌握科学探究的基本思路和方法的能力逐步提高，学生具备实验探究能力，即在对所学实验的实践和学习后，能够对相关生物学问题进行科学探究，如分析

问题、设计实验、预测结果并得出结论或作出解释，掌握科学探究的整个流程。一般包括提出问题、作出假设、制订计划、实施计划、得出结论、表达和交流等几个环节。

（一）"科学探究"的实验教学活动

1. 实验教学活动内容

为促进学生生物学学科核心素养的提升，帮助学生理解人教版高中生物学教材必修模块"分子与细胞"和"遗传与变异"中的概念1、概念2和概念3、概念4，要求开展以下生物学科学探究的实验教学活动：

表3-20　高中生物学必修模块实验教学活动

模块	概念	科学探究的实验教学活动
分子与细胞	概念1 细胞是生物体结构与生命活动的基本单位	（1）检测生物组织中的还原糖、脂肪和蛋白质 （2）观察叶绿体和细胞质的流动 （3）尝试制作真核细胞的结构模型 （4）使用光学显微镜观察各种细胞,可结合电镜照片分析细胞的亚显微结构
分子与细胞	概念2 细胞的生存需要能量和营养物质,并通过分裂实现增殖	（1）通过模拟实验探究膜的透性 （2）观察植物细胞的质壁分离和复原 （3）探究酶催化的专一性、高效性及影响酶活性的因素 （4）提取和分离叶绿体色素 （5）探究不同环境因素对光合作用的影响 （6）探究酵母菌的呼吸方式 （7）制作和观察根尖细胞有丝分裂简易装片,或观察其固定装片
遗传与进化	概念3 遗传信息控制生物性状,并代代相传	（1）运用模型、装片或视频观察模拟减数分裂过程中染色体的变化 （2）收集DNA分子结构模型建立过程的资料并进行讨论和交流 （3）制作DNA分子双螺旋结构模型 （4）模拟植物或动物性状分离的杂交实验 （5）调查常见的人类遗传病并探讨其预防措施
遗传与进化	概念4 生物的多样性和适应性是进化的结果	（1）收集生物进化理论发展的资料,探讨生物进化观点对人们思想观念的影响 （2）用数学方法讨论自然选择使种群的基因频率发生变化 （3）探讨耐药菌的出现与抗生素滥用的关系

2.科学探究方法（以必修1、2为例）

表3-21 高中生物学必修模块科学探究方法归纳

	生物学科学方法名称	概念	实例
生物学必修1	归纳法	是指由一系列具体事实推出一般结论的思维方法。由一定程度的关于个别事物的观点过渡到范围较大的观点，由特殊具体的事例推导出一般原理、原则的解释方法。归纳法分为完全归纳法和不完全归纳法	施莱登和施旺观察了部分植物和动物的组织，归纳出"一切动植物都是由细胞构成的"
	提出假说	科学假说是指根据已知的科学知识和新的科学事实，对所研究的问题作出的一种猜测性陈述。它是将认识从已知推向未知，进而变未知为已知的必不可少的思维方法，是科学发展的一种重要形式	细胞膜结构模型的探索过程
	差速离心法	差速离心主要是采用逐渐提高离心速率分离不同大小颗粒的方法。交替使用低速和高速离心，用不同强度的离心力使具有不同质量的物质分级分离的方法。此法适用于混合样品中各沉降系数差别较大组分的分离	细胞质中不同细胞器的分离
	同位素标记法	同位素可用于追踪物质的运行和变化规律。用同位素标记的化合物，化学性质不会改变。科学家通过追踪同位素标记的化合物，可以弄清化学反应的详细过程。这种方法叫作同位素标记法	分泌蛋白合成及分泌过程，光反应产生的O_2来自H_2O还是CO_2，暗反应中CO_2还原成糖过程即卡尔文，DNA复制等
	建构模型	模型是人们为了某种特定目的而对认识对象所作的一种简化的概括性的描述，这种描述可以是定性的，也可以是定量的；有的借助于具体的实物或其他形象化的手段，有的则通过抽象的形式来表达。模型的形式很多，包括物理模型、概念模型、数学模型等。以实物或图画形式直观地表达认识对象的特征，这种模型就是物理模型	DNA双螺旋结构模型，就是物理模型

(续表)

	生物学科学方法名称	概念	实例
生物学必修1	控制变量和设计对照实验	实验过程中的变化因素称为变量,其中人为控制的对实验对象进行处理的因素叫作自变量,因自变量改变而变化的变量叫作因变量,实验过程中存在一些对实验结果造成影响的可变因素,叫无关变量。除作为自变量的因素外,其余因素(无关变量)都保持一致,并将结果进行比较的实验叫作对照实验,对照组未作任何处理,这样的对照叫作空白对照	"比较过氧化氢在不同条件下的分解"实验,其中温度和催化剂属于自变量,过氧化氢分解速率是因变量,实验反应物的浓度和反应时间等属于无关变量
	对比实验	实验结果未知,设置两个或两个以上的实验组,通过对结果的比较分析,来探究某种因素与实验对象的关系,这样的实验叫对比实验,也叫相互对照实验	探究酵母菌在不同氧气条件下细胞呼吸的方式
生物学必修2	假说—演绎法	在观察和分析基础上提出问题以后,通过推理和想象提出解释问题的假说,根据假说进行演绎推理,推出预测的结果,再通过实验来检验。如果实验结果与预测相符,就可以认为假说是正确的,反之,则可以认为假说是错误的	孟德尔的豌豆杂交实验,摩尔根证明基因在染色体上
	"加法原理"和"减法原理"	在对照实验中,控制自变量可采用"加法原理"或"减法原理":与常态相比较,人为增加某种影响因素的称为"加法原理";与常态相比较,人为去除某种影响因素的称为"减法原理"	"加法原理":"比较过氧化氢在不同条件下的分解"实验中,与对照组相比,实验组分别作加温、滴加$FeCl_3$溶液、滴加肝脏研磨液的处理; "减法原理":艾弗里的肺炎链球菌转化实验中,每个实验组特异性地去除了一种物质,从而鉴定出DNA是遗传物质

3.科学探究教学活动的层次分类

科学探究是人们获取科学知识、认识世界的重要途径,科学探究活动通常包括提出问题、作出假设、制订计划、实施计划、得出结论、表达交流等步骤,按各个步骤的提供情况可以将探究活动进行不同层次的分类。广东省教育研究室编的《生物学实验册·必修2·遗传与进化》，把探究活动分为六个层次（见表3-22）。

表3-22 科学探究活动层次

层次	问题		方法		结论	
	提出问题	作出假设	制订计划	实施计划	得出结论	表达交流
6	−	−	−	−	−	−
5	＋	−	−	−	−	−
4	＋	＋	−	−	−	−
3	＋	＋	＋	−	−	−
2	＋	＋	＋	＋	−	−
1	＋	＋	＋	＋	＋	−
0	＋	＋	＋	＋	＋	＋

注："＋"表示活动设计中已经提供，"－"表示活动设计中没有提供，需要学生自己完成。

0级水平相当于验证性实验，活动之前就已经呈现了各个步骤，1~5级水平属于部分探究，6级水平属于完全探究。

4.科学探究活动的能力目标

（1）客观地观察和描述生物现象；

（2）通过观察或从现实生活中提出与生物学相关的、可以探究的问题；

（3）分析问题，阐明与研究该问题相关的知识；

（4）确认变量；

（5）作出假设和预期；

（6）设计可行的实验方案；

（7）实施实验方案，收集证据；

（8）利用数学的方法处理、解释数据；

（9）根据证据作出合理判断；

（10）用准确的术语、图表介绍研究方法和结果，阐明观点；

（11）听取他人的意见，利用证据和逻辑对自己的结论进行辩护及做必要的反思和修改。

（二）"科学探究"问题微创设

1.围绕"实验目的"问题微创设

【实验目的内涵】

实验目的是指要探究或者验证的某一事实或者做了该实验后，要解决什么问题。要考虑验证性试验和探究性试验。

（1）验证性实验：寻找题干信息，一般写有"验证……"，即为该实验的实验目的。

（2）探究性实验：首先分析实验的自变量和因变量。此类实验的实验目的一般书写为"探究自变量对因变量的影响""探究自变量与因变量的关系""探究自变量的作用"等。

可见，实验目的的书写与表达：实验目的的内容包含研究对象、研究现象（因变量）和作用于对象的因素（自变量），格式为"探究（验证）×××（自变量）对×××（因变量）的影响"或"探究（验证）×××（自变量）与×××（因变量）的关系"等。

【题例赏析】

【题例1】图3-20是生物小组利用金鱼藻探究某环境因素对光合作用影响的实验装置，实验光照强度低于最适光照强度。请分析回答下列问题：

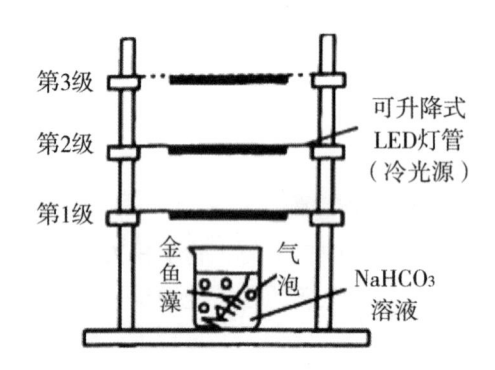

图3-20 探究某环境因素对光合作用影响实验装置示意图

实验的自变量是_____，实验目的是_____。

【解析】该实验装置为利用金鱼藻探究某环境因素对光合作用影响的实验装置，LED灯管从第1级升为第3级的过程光照强度逐渐减弱，故实验的自变量为光照强度，因变量为单位时间内气泡产生的数量或（光合作用速率），所以该实验的实验目的是探究光照强度对光合作用的影响。

【题例2】生物兴趣小组同学将新鲜萝卜磨碎、过滤得到提取液。在温度为28 ℃的条件下，取等量提取液分别加到四个盛有pH分别为3、5、7、9的100 mL体积分数为3%的过氧化氢溶液的烧杯中，结果每一个烧杯都产生气体，然后，将加入四个烧杯中提取液的量减半，重复上述实验。在相同时间内，分别测得两次实验中过氧化氢的含量变化并绘制成如图3-21所示曲线，请回答：

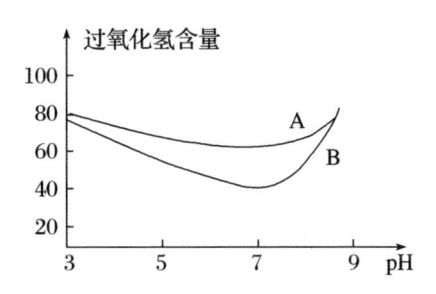

图 3-21 酸碱度（pH）与过氧化氢含量变化曲线图

该实验的目的是_____。

该实验中的自变量是_____，因变量是_____。

【参考答案】探究过氧化氢在不同 pH 条件及不同量的提取液条件下分解的快慢；pH 的大小和提取液的量；单位时间产生气泡的多少（或单位时间内过氧化氢的减少量）。

【题例3】请根据"实验目的"，试分析各实验中的实验类型、生物学事实、自变量、因变量、无关变量。

（1）验证胰岛素具有降低血糖的作用，以小鼠的活动状况为观察指标设计实验；

（2）探究叶色暗绿是否由缺磷造成类胡萝卜素缺乏所致。

【参考答案】

（1）实验类型为验证类。生物学事实——胰岛素的作用及调节血糖的过程；自变量为胰岛素的有无；因变量为小鼠的症状（具体为：小鼠的活动状况）；无关变量为实验动物小鼠的生长生理状态、所使用试剂的量。

（2）实验类型为探究类。生物学事实——叶色暗绿（色素与叶色的关系）；自变量为磷的有无；因变量为叶色是否暗绿；无关变量为所选植物叶片的生理状态、选取数量、培养条件。

2.围绕"实验假设"问题微创设

【实验假设的内涵】

实验假设是依据研究的对象或者研究目的，根据有关理论所作出的推测假设，是对课题涉及的主要变量之间相互关系的设想，是一种可能的解释和说明，答案或解释通常有一种或几种，伴有开放性。假设的提出可能正确也可能错误，只要能解释题给现象或与题干相符，则提出的假设就可以。一般情况下，可根据有关理论，创设出最可能的一种假设。如"提出此假设的依据是什么"。这类题型的答法："如果……现象，则……结论。"

【题例赏析】

【题例1】模型构建、类比推理、假说—演绎等是现代科学研究中常用的科学方法。利用模型构建法,沃森和克里克发现了DNA双螺旋结构;利用假说—演绎法,孟德尔发现了两大遗传定律;利用类比推理,萨顿提出了基因位于染色体上的假说。据此分析回答下列问题:

(1)沃森和克里克所构建的DNA双螺旋结构模型属于_____模型。种群"J"形增长的数学模型 $N_t = N_0 \lambda^t$ 的模型假设是:_____。

(2)利用类比推理法,萨顿提出了基因位于染色体上的假说,提出该假说的理由是_____。请你利用类比推理的方法,推断出基因与DNA分子的关系是_____。

(3)孟德尔以黄色圆粒豌豆和绿色皱粒豌豆作亲本,设计了纯合亲本的杂交、F_1自交和测交等一系列实验,利用假说—演绎法"分析现象→作出假设→检验假设→得出结论",最后得出了自由组合定律。

①孟德尔提出的解释自由组合现象的"假说"是:_____。

②孟德尔的"演绎"过程是:_____。

③孟德尔做的测交实验的结果验证了他的假说。

(4)果蝇体表硬而长的毛称为刚毛,一个自然繁殖的直刚毛果蝇种群中,偶然出现了一只卷刚毛雄果蝇。请回答下列问题(等位基因分别用A和a表示):

①已知控制刚毛性状的基因不在性染色体的同源区段,卷刚毛性状是如何产生和遗传的呢?有一种假说认为这是亲代生殖细胞中X染色体上的基因发生显性突变(隐性基因突变为显性基因),请尝试再写出两种假说:_____;_____。

②已知这只卷刚毛雄果蝇与直刚毛雌果蝇杂交,F_1全部直刚毛,F_1雌雄果蝇随机交配,F_2的表现型及比例是直刚毛雌果蝇:直刚毛雄果蝇:卷刚毛雄果蝇 = 2:1:1,此时最合理的假说是_____。

③为验证②中的假说,某同学设计了如图3-22所示的测交实验。

该实验及现象是否能够验证第②小题中提出的假说?请说明理由:_____。

④若为你提供以下纯合的果蝇作为材料:直刚毛雌果蝇、直刚毛雄果蝇、卷刚毛雌果蝇、卷刚毛雄果蝇,请你也来设计一个测交实验,以验证第②小题中提出的假说,并预测实验结果。

实验方案:_____。
预测结果:_____。

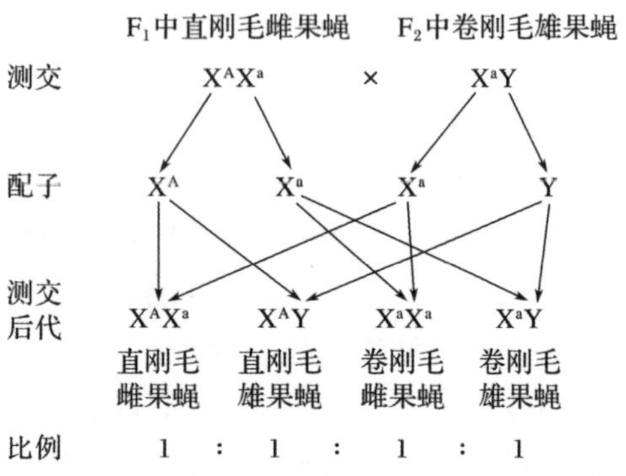

图3-22 直刚毛雌果蝇与卷刚毛雄果蝇测交遗传图解

【答案】

（1）物理；在理想条件下，种群的数量每年以一定的倍数增长，第二年的数量是第一年的λ倍。

（2）基因和染色体的行为存在着明显的平行关系；基因是DNA分子片段。

（3）①F_1形成配子时，成对的遗传因子彼此分离，不成对的遗传因子自由组合，F_1产生4种比例相等的配子，雌雄配子的结合是随机的；②若F_1产生配子时成对的遗传因子分离，不成对的遗传因子自由组合，则测交后代会出现四种性状，比例接近1:1:1:1。

（4）①亲代生殖细胞中X染色体上基因发生隐性突变；亲代生殖细胞中常染色体上基因显性突变（环境影响基因的表达）。②亲代生殖细胞中X染色体上的基因发生隐性突变。③能，因为实验结果符合按照该假说演绎推理的结论。④取直刚毛雄果蝇和卷刚毛雌果蝇进行测交；测交后代中，雌果蝇全为直刚毛，雄果蝇全为卷刚毛。

【题例2】果蝇为XY型性别决定生物，是遗传学研究的理想材料。其体色中的灰体与黑檀体为一对相对性状（相应基因用A、a表示）；红眼与白眼为一对相对性状（相应基因位于X染色体上，用B、b表示）。图3-23所示为一只果蝇的染色体组成示意图。请回答以下问题：

（1）该果蝇的性别为_____，作出此判断的理由是_____。

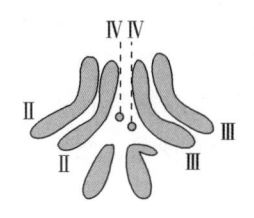

图3-23 果蝇体细胞染色体示意图

（2）遗传学家布里吉斯用白眼雌果蝇（X^bX^b）与红眼雄果蝇（X^BY）杂交，子一代中，2000~3000只红眼雌果蝇中会出现一只白眼雌果蝇。请你从可遗传的变异角度提出三种假设，对子一代中白眼雌果蝇形成的原因进行说明，并写出相应F_1白眼雌果蝇的基因型（说明：果蝇的性别由X染色体数量决定；含有一条X染色体的个体为雄性，如XY及没有Y染色体的XO，均为雄性；含有两条X染色体的个体为雌性；X染色体上没有相应基因的记为X^-；不存在OY及XXX个体）。

假设一：_____；F_1白眼雌果蝇基因型为_____。

假设二：_____；F_1白眼雌果蝇基因型为_____。

假设三：_____；F_1白眼雌果蝇基因型为_____。

(3) 现有雌雄灰体果蝇与雌雄黑檀体果蝇若干，请设计一个一次性杂交实验方案，要求能根据 F_1 的表现型情况可以判断出灰体与黑檀体之间的显隐性关系，以及控制体色的基因位于 X 染色体上还是常染色体上（要求写出实验方案即可）。

【参考答案】

(1) 雄性；两条性染色体异型。

(2) 假设一：亲本红眼雄果蝇（X^BY）产生配子时发生基因突变，形成的 X^b 精子与正常的 X^b 卵细胞结合；X^bX^b。

假设二：亲本红眼雄果蝇（X^BY）产生配子时发生 X 染色体部分缺失，失去了红眼基因，形成的 X^- 精子与正常的 X^b 卵细胞结合；X^bX^-。

假设三：亲本白眼雌果蝇（X^bX^b）产生配子时发生染色体数目变异，形成的 X^bX^b 卵细胞与正常的 Y 精子结合；X^bX^bY。

(3) 用灰体雌蝇×黑檀体雄蝇、灰体雄蝇×黑檀体雌蝇两个杂交组合进行正反交实验；每个杂交组合选用多对果蝇；统计分析子代表现型及其比例。

(三) 围绕"实验原理"问题微创设

【实验原理的内涵】

实验基本原理是实验设计所依据的理论根据，是实验设计的依据和思路，包括选择实验材料的依据、作出实验假设的依据、设置实验步骤的依据、分析现象结果的依据和确定观测指标的依据。要求掌握生物教材中涉及的各种试剂的选择依据及相应生理过程，并确定实验原理。书写格式一般为三步：假设（未被证实的结论）+假设与结果的联系+结果（或预期结果），一般用陈述句、肯定句，其思路为先找到结论或假设，再找到结果或现象，然后根据所学知识、题干信息和实验目的寻找两者之间的联系。

【题例赏析】

【题例1】为了验证胰岛素具有降低血糖的作用，以小鼠活动状况为观察指标设计实验。

某学生的实验方案如下：

(1) 将正常小鼠随机分成 A、B 两组，观察并记录其活动状况。

(2) A 组小鼠注射适量胰岛素溶液，B 组注射等量生理盐水。一段时间后，A 组小鼠会出现四肢无力、活动减少，甚至昏迷等低血糖症状，B 组小鼠活动状况无变化。

(3) A 组小鼠出现低血糖症状后，分别给 A、B 两组小鼠注射等量葡萄糖溶液。一段时间后，A 组小鼠低血糖症状缓解，B 组小鼠活动状况无变化。

该实验方案可以说明胰岛素具有降低血糖的作用。请回答：

该实验的实验原理是：_____。

【解析】从实验目的看，自变量为胰岛素，所以书写原理时，胰岛素的作用就是原理的核心内容。先写结论：胰岛素具有降低血糖的作用。再写两者的联系：体内胰岛素含量过高时，引起血糖下降。最后定结果（现象）：机体出现活动减少，甚至昏迷等低血糖症状，此症状可以通过补充葡萄糖溶液得到缓解。

【题例2】为了研究大豆种子在黑暗条件下萌发和生长过程中总糖和蛋白质的相互关系，研究人员进行了相关的实验，请回答：

（1）研究人员首先进行了大豆种子在黑暗条件下萌发和生长过程中蛋白质含量变化的预实验，请完善实验原理，实验步骤。

①实验原理：_____。

②实验步骤：

a.将3份等量大豆种子分别培养1、5、9天后取出，各加入适量蒸馏水，研碎、提取，定容后离心得到蛋白质制备液。

b.取3支试管，_____。

c._____，观察颜色变化。

③实验结果：1、2、3号试管中颜色依次加深。

（2）进一步定量测定总糖和蛋白质含量，结果如图3-24所示，对图中结果的合理解释是_____。

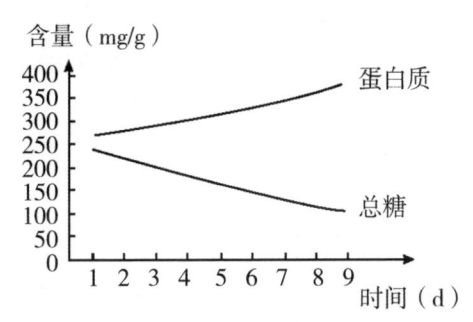

图3-24 总糖和蛋白质含量随时间变化曲线图

【解析】（1）实验原理为蛋白质与双缩脲试剂发生作用，产生紫色反应。一定范围内，蛋白质含量越高，颜色越深。具体步骤根据题意，获得蛋白质制备液后取试管编号，依次加入等量培养1、5、9天的大豆种子蛋白质制备液，再用双缩脲试剂鉴定、观察颜色变化。

（2）根据曲线数据可知，总糖含量逐渐减少，蛋白质含量逐渐增多，根据种子萌发过程，大豆种子萌发和生长时需要产生更多的蛋白质参与各项生命活动，在黑暗条件下萌发后亦不能进行光合作用，与此同时，需要消耗糖类提供能量和用于生成某些氨基酸等非糖物质，因此蛋白质含量上升而总糖含量下降。

（四）围绕"实验步骤"问题的微创设

【实验步骤的内涵】

（1）实验步骤是实验实施过程中各个阶段具体做什么，也就是实验进行的程序。

（2）探究性实验操作步骤"三步曲"

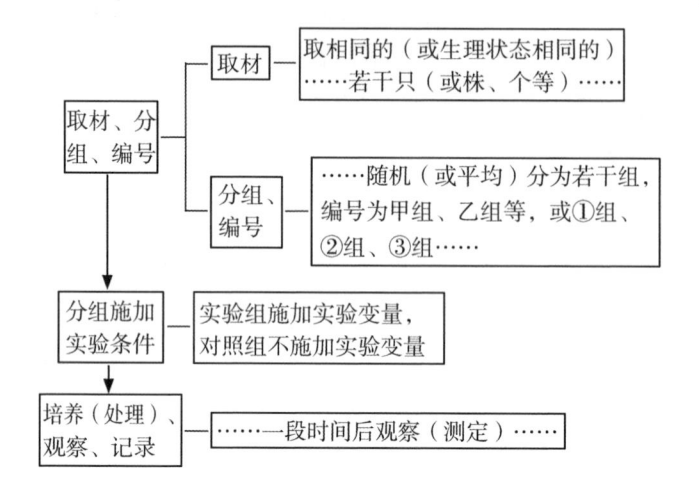

```
取材、分组、编号
├─ 取材 ── 取相同的（或生理状态相同的）……若干只（或株、个等）……
├─ 分组编号 ── ……随机（或平均）分为若干组，编号为甲组、乙组等，或①组、②组、③组……
├─ 分组施加实验条件 ── 实验组施加实验变量，对照组不施加实验变量
└─ 培养（处理）、观察、记录 ── ……一段时间后观察（测定）……
```

图3-25　探究性实验操作步骤图解

①实验材料的选择：取材、分组、编号

植物："选择等量的长势相同、大小相似（或者相同部位）的同种植物，随机分组，分别编号为A、B、C……"。

动物："选择等量的生理状况相似，年龄、性别相同，健康的某种动物，随机分组，分别编号为A、B、C……"。

溶液"取三支试管，分别编号为A、B、C……分别加入等量的某溶液"。在量上难以作到准确的量化描述时，应尽可能用"定性"的语言表达，要注意"等浓度""等体积""适量的""一定量的"等词的运用。

②材料的处理：单一变量原则、对照原则等有关实验应遵循的原则。

实验组：施加实验变量，对照组：不施加实验变量；此外，控制无关变量，保证其他条件相同且适宜，试剂等量且适量。

③相同条件培养相同时间："一段时间""适宜的温度、pH"等。

④观察并统计实验结果。

【题例赏析】

【题例1】某研究小组为了验证甲状腺激素对垂体的反馈调节机制，做了以下相关实验，请完善步骤2与步骤3的实验操作：

步骤1：将多只生长状况相同的成年健康小鼠平均分成A、B、C三组。

步骤2：A组小鼠注射一定剂量的药物Ⅰ（抑制下丘脑神经内分泌细胞功能）和药物Ⅱ（抑制甲状腺细胞分泌功能）；B组小鼠注射一定剂量的药物Ⅰ和药物Ⅲ（促进甲状腺细胞分泌功能）；C组小鼠注射等量的_____（不同药物只是限制对应区域的功能，对其他区域无影响）。

步骤3：一段时间后，_____，并求平均值。

【解析】实验设计应遵循对照性原则、单一变量原则和等量性原则，验证甲状腺激素对垂体的反馈调节机制，本实验的单一变量：加药物Ⅱ和药物Ⅲ，设置两组实验组，加生理盐水的为对照组。实验中的步骤2应为药物Ⅰ和生理盐水，A组中药物Ⅱ抑制甲状腺细胞分泌功能，则甲状腺激素含量较低，则垂体分泌的促甲状腺激素量增加；B组中药物Ⅲ能促进甲状腺细胞分泌功能，则甲状腺激素含量较高，会反过来抑制垂体分泌的促甲状腺激素，则促甲状腺激素量降低，C组是空白对照组，甲状腺激素处于A和B两组之间，一段时间后测定每组小鼠体内促甲状腺激素（TSH）的含量，故三组实验结果TSH的含量：A组>C组>B组。

【题例2】某种雌雄同株植物能自花传粉，也能异花传粉。用雄性不育（不能产生可育花粉）品系做杂交育种是开发利用杂种优势的有效手段。该种植物的雄性育性受一对复等位基因（在种群中，同源染色体的相同位点上存在两种以上的等位基因）控制，其中Ms为不育基因，Ms^{f}为恢复可育基因，ms为可育基因，且其显隐性强弱关系为Ms^f＞Ms＞ms。请回答下列问题：

（1）该种植物雄性不育品系在杂交育种过程中，在操作上最显著的优点是____。

（2）该种植物雄性可育的基因型有_____种，其中基因型为_____的植株自交后出现性状分离，使其雄性可育性状不能稳定遗传。

（3）现有某雄性可育性状能稳定遗传的植株甲，基因型为MsMs的植株乙。若要鉴定植株甲的基因型，请完善以下实验步骤及结论：

①让植株甲和植株乙进行杂交；

②将植株_____（填"甲"或"乙"）所结的种子全部种下去；

③_____，确定植株甲的基因型。

实验结论：子代植株的表现型及比例和对应的植株甲的基因型为_____。

【解析】（1）雄性不育品系不能产生可育花粉，因此在杂交育种过程中不需要去雄。（2）该种植物的雄性育性受一对复等位基因控制，其中Ms为不育基因，Ms^{f}为恢复可育基因，ms为可育基因，且其显隐性强弱关系为Ms^f＞Ms＞ms，则雄性不育基因型为MsMs、Msms，雄性可育基因型为msms、Ms^{f}Ms^f、Ms^{f}Ms、Ms^{f}ms。可见，雄性可育的基因型有4种，其中Ms^{f}Ms的植株自交后出现性状分离，可能出现雄性不育（MsMs）。

（3）根据题意分析，植株甲是雄性可育性状能稳定遗传的品种，则其基因型可能为msms、Ms'Ms'、Ms'ms，植株乙的基因型为MsMs，让两者杂交，将乙植株所结的种子全部种下去，然后观察、记录并统计子代植株的表现型及比例；若子代全部为雄性可育植株，则植株甲的基因型为Ms'Ms'；若子代植株中雄性可育:雄性不育＝1:1，则植株甲的基因型为Ms'ms；若子代全为雄性不育植株，则植株甲的基因型为msms。

（五）"实验结果和结论"问题的微创设

【实验结果和结论的内涵】

实验结果是从实验中得出的数据或现象，可观测或可记录，而实验结论是对实验结果分析后得出的结论。验证性实验的结论一般就在题目中，就是"验证……""证明……"等后面的文字；探究性实验结果和结论不是唯一的，所以要把各种可能的结果全部列出，一般描述为"若出现某实验结果，则说明某实验结论"。

【题例赏析】

【题例1】实验是生物学研究的重要手段。对以下异常实验结果分析不合理的是（　　）

表3-23　四种实验的实验操作（现象）及分析

	实验名称	实验操作或现象	分析
A	观察根尖分生组织细胞的有丝分裂	几乎观察不到处于分裂期的细胞	可能是一天中取材时间不当
B	探究培养液中酵母菌种群数量的变化	相同条件下不同同学计数结果偏差较大	可能取样前培养液未摇匀
C	用高倍显微镜观察叶绿体	未清晰观察到菠菜叶肉细胞中叶绿体的分布	可能是未撕取到单层叶肉细胞
D	探究植物细胞的吸水和失水	用0.3 g/mL蔗糖溶液处理洋葱鳞片外表皮，一段时间后未发现质壁分离现象	可能是所用蔗糖溶液浓度太低

A. A　　B. B　　C. C　　D. D

【解析】观察根尖分生组织细胞的有丝分裂，如果取材时间不是细胞分裂旺盛的时候，有可能出现几乎观察不到处于分裂期的细胞；探究培养液中酵母菌种群数量的变化，如果取样前不摇匀，可能导致计数结果与实际值相差较大；用高倍显微镜观察叶绿体，需要撕取捎带叶肉的下表皮，因为叶肉细胞中有叶绿体，表皮细胞中无叶绿体，如果未撕取到单层叶肉细胞或撕取过厚，会影响观察效果；探究植物细胞的吸水和失水，用0.3 g/mL蔗糖溶液处理洋葱鳞片外表皮，一段时间后未发现质壁分离现象，说明细胞已经死亡，不能发生质壁分离。选D。

【题例2】核膜在细胞有丝分裂的前期解体，到末期又重新形成。对新形成的核膜的来源有两种不同观点：观点一认为亲代细胞核膜解体后的碎片参加了子代细胞核膜的重建；观点二认为子代细胞核膜是由内质网膜重新形成的。现提供变形虫、含^{3}H标记的胆碱（磷脂的成分）和其他的必需仪器，请以变形虫为实验模型，完成相应的实验设计，并预测实验结果和结论。

（1）实验步骤：

①将部分变形虫置于^{3}H标记的胆碱营养液中培养，使其细胞膜和核膜均被标记。

②将已标记的变形虫的核移植到无标记的去核的变形虫中，在无标记培养液中培养一段时间，使其进行细胞分裂。

③检测新形成的子细胞中的新的细胞核膜是否具有放射性。

（2）实验结果预测及相关的结论：

预测结果①：＿＿＿＿＿＿；结论①：＿＿＿＿＿＿。

预测结果②：＿＿＿＿＿＿；结论②：＿＿＿＿＿＿。

【解析】

同位素标记（示踪）法可显示元素的转移路径，结合上述分析可知：若实验结果支持第一种说法（或新核膜是由旧核膜的碎片连接而成），则其实验结果应为新的细胞核膜具有放射性；若实验结果支持第二种说法（或新核膜是由内质网膜重新形成的），则其实验结果应为新的细胞核膜无放射性。

【题例3】已知果蝇的灰体和黄体受一对等位基因控制，但这对相对性状的显隐性关系和该等位基因所在的染色体是未知的。同学甲用一只灰体雌蝇与一只黄体雄蝇杂交，子代中♀灰体:♀黄体:♂灰体:♂黄体为1:1:1:1。同学乙用两种不同的杂交实验都证实了控制黄体的基因位于X染色体上，并表现为隐性。请根据上述结果，回答下列问题：

（1）仅根据同学甲的实验，能不能证明控制黄体的基因位于X染色体上，并表现为隐性？

（2）请用同学甲得到的子代果蝇为材料设计两个不同的实验，这两个实验都能独立证明同学乙的结论。（要求：每个实验只用一个杂交组合，并指出支持同学乙结论的预期实验结果。）

【解析】（1）同学甲的实验结果显示：在子代雌性中，灰体:黄体＝1:1，在子代雄性中，灰体:黄体＝1:1，即该性状分离比在雌雄个体中相同，所以仅根据同学甲的实验，不能证明控制黄体的基因位于X染色体上，并表现为隐性。

(2) 以同学甲得到的子代果蝇为材料，设计的两个不同的实验，证明该对相对性状的显隐性关系和该对等位基因所在的染色体，而且每个实验只用一个杂交组合，其实验思路是：让同学甲得到的子代果蝇中的♀黄体与♂灰体杂交或♀灰体与♂灰体杂交，观察并统计子一代的表现型及其分离比。若该实验支持同学乙的结论，即控制黄体的基因位于X染色体上，并表现为隐性（设黄体基因为g），则依题意可推知：同学甲所用的一只灰体雌蝇与一只黄体雄蝇的基因型分别为 X^GX^g 和 X^gY，二者杂交，子代中♀灰体、♀黄体、♂灰体、♂黄体的基因型分别为 X^GX^g、X^gX^g、X^GY、X^gY。其实验杂交组合情况如下：

实验1的杂交组合为：♀黄体（X^gX^g）×♂灰体（X^GY），其子一代的基因型为 X^GX^g 和 X^gY，即子一代中所有的雌性都表现为灰体，雄性都表现为黄体。

实验2的杂交组合为：♀灰体（X^GX^g）×♂灰体（X^GY），其子一代的基因型为 X^GX^G、X^GX^g、X^GY、X^gY，即子一代中所有的雌性都表现为灰体，雄性中一半表现为灰体，另一半表现为黄体。

（六）"实验思路"问题的微创设

【实验思路的内涵】

"实验思路"答题，首先要说明自变量和因变量是什么，然后怎么控制自变量，最后说明自变量和因变量的关系，即"自变量+因变量+预测结果"，或者需要包括的要点：实验组如何处理，对照组如何处理，根据指标统计结果或说明的问题。"实验思路"不需要写出具体的可操作的实验步骤，只需一个大致的实验设计过程。比如，用某种方法处理某种材料，观察其对某方面的影响效果。

【题例赏析】

【题例1】根据遗传物质的化学组成，可将病毒分为RNA病毒和DNA病毒两种类型。有些病毒对人类健康会造成很大危害。通常，一种新病毒出现后需要确定该病毒的类型。假设在宿主细胞内不发生碱基之间的相互转换。请利用放射性同位素标记的方法，以体外培养的宿主细胞等为材料，设计实验以确定一种新病毒的类型。简要写出：

（1）实验思路_____；

（2）预期实验结果及结论_____。（要求：实验包含可相互印证的甲、乙两个组）。

【解析】①控制自变量：将甲乙两组宿主细胞分别培养在含放射性标记尿嘧啶和胸腺嘧啶的培养基中，之后接种新病毒；②观测因变量：培养一段时间后收集病毒并检测其放射性。参考答案为：（1）实验思路：甲组将宿主细胞培养在含有放射性标记尿嘧啶的培养基中,之后接种新病毒,培养一段时间后收集病毒并检测其放射性;乙组将宿主细胞培养在含有放射性标记胸腺嘧啶的培养基中,之后接种新病毒,培养一段时间后收集病毒并检测其放射性。(2)结果及结论:若甲组收集的病毒有放射性,乙组无,即为RNA病毒;反之为DNA病毒。

【题例2】小麦幼苗的正常生长需要多种矿质元素,你如何设计实验证明某种矿质元素A是否为幼苗生长所必需的?请写出实验思路,并指出对照组设置方法及作用。

【解析】

(1)实验思路

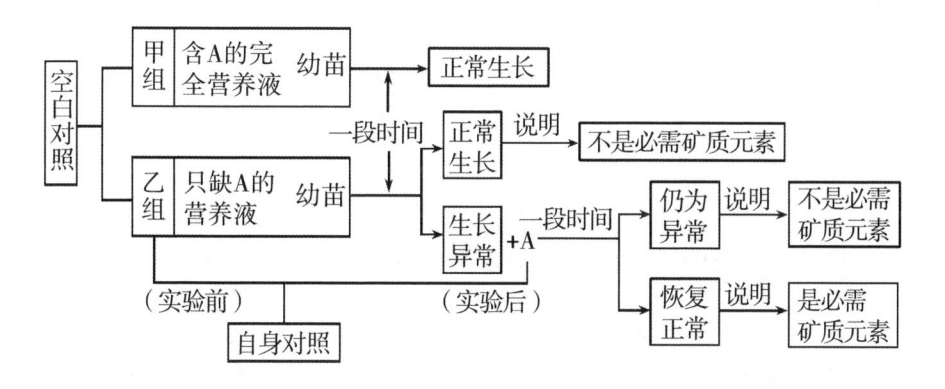

图3-26 必需矿质元素实验设计思路图解

(2)实验分析:本实验中采用甲组、乙组之间的空白对照,以及乙组中实验前(无A)与实验后(有A)之间的自身对照。甲组使用含A的完全营养液,乙组实验前缺A,此时乙组为实验组。与乙组实验前相比,乙组实验后加A,则乙组实验后应为实验组。

【题例3】欲验证胰岛素的生理作用,根据以下提供的实验材料与用具,提出实验思路,预测实验结果并进行分析。

材料与用具:小鼠若干只,胰岛素溶液,葡萄糖溶液,生理盐水,注射器等。

(要求与说明:血糖浓度的具体测定方法及过程不作要求,实验条件适宜)

(1)实验思路。

(2)预测实验结果:(设计一个坐标,用柱形图表示至少3次的检测结果)。

(3)分析与讨论。

①正常人尿液中检测不到葡萄糖,其原因是_____。

②当机体血糖水平升高时,胰岛中的内分泌细胞及其分泌的激素变化是____。此时,机体细胞一方面增加对葡萄糖的摄取、储存和利用;另一方面_____。

【参考答案】

（1）①分别测定每只小鼠的血糖浓度，并记录。②将小鼠分为A、B两组，A组注射胰岛素，B组注射生理盐水。每隔一段时间，分别测定两组小鼠的血糖浓度，并记录。③当出现低血糖症状后，A组注射葡萄糖溶液，B组注射生理盐水。每隔一段时间，分别测定两组小鼠的血糖浓度，并记录。④对每组所得数据进行统计分析。

（2）A、B两组小鼠的初始血糖浓度差别不大；胰岛素有降低血糖的作用，故A组注射胰岛素后血糖浓度应有一定程度下降，B组小鼠血糖浓度应在正常范围内波动平衡；A组小鼠注射葡萄糖后血糖浓度会上升，但与B组小鼠相比可能还会偏低，故预测的实验结果如下：

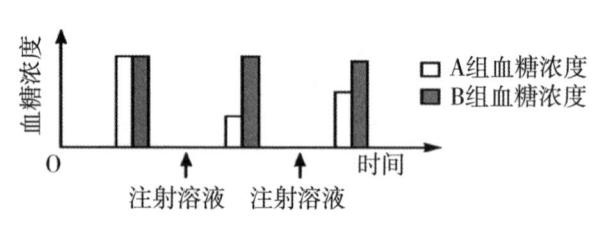

图3-27 胰岛素对小鼠血糖浓度影响示意图

（3）①正常人尿液中检测不到葡萄糖是人体正常分泌的胰岛素能够促进肾小管对原尿中葡萄糖的吸收。②机体血糖水平升高时，会刺激胰岛B细胞分泌胰岛素，并抑制胰岛A细胞分泌胰高血糖素；机体细胞一方面增加对葡萄糖的摄取、储存和利用，另一方面抑制其他非糖物质转化为葡萄糖。

【题例4】研究人员通过人工诱变技术获得了一株含油量增大的大豆植株，并进行了以下实验：

①让这株大豆自交，自交后代均表现为含油量增大；

②将这株大豆自交的后代与野生型正常大豆杂交，F_1均为正常植株，再将F_1自交，所得F_2中正常植株与含油量增大植株的比值为8:1。

请回答下列问题：

（1）以上研究表明，该突变基因为_____（填"显性"或"隐性"）基因，判断的依据是_____。

（2）实验②F_2中正常植株与含油量增大植株的比值为8:1，原因是_____。请以上述植株为材料，设计实验对你的解释进行验证（要求写出实验思路、预期实验结果，写出结论）_____。

（3）研究人员在上述诱变育种过程中意外地获得了一株叶绿素减少的大豆植株，已知该性状是由基因突变引起的。请设计实验鉴定控制该性状基因的遗传是细胞质遗传还是细胞核遗传（要求写出实验思路、预期实验结果，写出结论）_____。

【参考答案】

（1）隐性　由实验①结果可知，突变植株为纯合子，再根据实验②中两个具有相对性状的纯合子杂交，子代表现出来的为显性性状可得出，突变后的基因为隐性基因。

（2）含有隐性基因（突变基因）的配子存活率为50%　用F_1与突变性状的植株杂交，统计子代性状分离比，若测交后代中正常植株与突变植株的比例为2∶1，则证明假说正确。

（3）将叶绿素减少的植株与正常植株进行正反交，若正交、反交结果相同，则控制该性状的基因的遗传属于细胞核遗传；若正交、反交结果不一致，且每次子代性状均与母本相同，则控制该性状的基因的遗传属于细胞质遗传。

【题例5】谈谈"植物细胞的质壁分离和复原实验"有哪些拓展应用，请简要写出设计思路。

【参考答案】

表3-24　"植物细胞质壁分离和复原实验"扩展应用与设计思路归纳

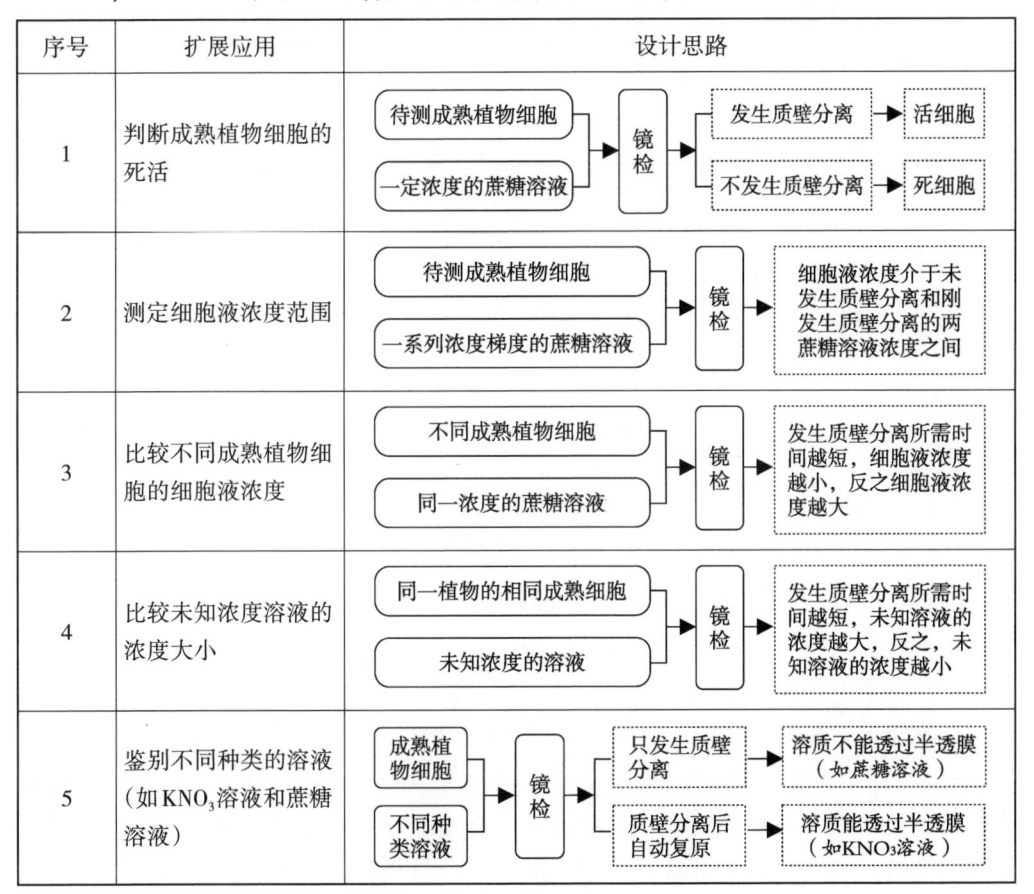

序号	扩展应用	设计思路
1	判断成熟植物细胞的死活	待测成熟植物细胞 + 一定浓度的蔗糖溶液 → 镜检 → 发生质壁分离→活细胞；不发生质壁分离→死细胞
2	测定细胞液浓度范围	待测成熟植物细胞 + 一系列浓度梯度的蔗糖溶液 → 镜检 → 细胞液浓度介于未发生质壁分离和刚发生质壁分离的两蔗糖溶液浓度之间
3	比较不同成熟植物细胞的细胞液浓度	不同成熟植物细胞 + 同一浓度的蔗糖溶液 → 镜检 → 发生质壁分离所需时间越短，细胞液浓度越小，反之细胞液浓度越大
4	比较未知浓度溶液的浓度大小	同一植物的相同成熟细胞 + 未知浓度的溶液 → 镜检 → 发生质壁分离所需时间越短，未知溶液的浓度越大，反之，未知溶液的浓度越小
5	鉴别不同种类的溶液（如KNO_3溶液和蔗糖溶液）	成熟植物细胞 + 不同种类溶液 → 镜检 → 只发生质壁分离→溶质不能透过半透膜（如蔗糖溶液）；质壁分离后自动复原→溶质能透过半透膜（如KNO_3溶液）

(七)"实验误差"问题的微创设

【实验误差的内涵】

实验误差是实验测量值（包括直接和间接测量值）与真值（客观存在的准确值）之差。根据实验误差的性质及产生的原因，可将误差分为系统误差、随机误差和粗大误差三种。表3-25为种群密度调查方法的误差种类、适用范围和误差分析。

表3-25 种群密度调查方法比较

误差种类	适用范围	误差分析
样方法误差	植物或动物活动能力弱、范围小的动物	①没有做到"随机"取样；②没有选择"分布比较均匀"的地块，导致数量"过密"或"过稀"；③没有对"多个"样方取平均值；④样方边线上的个体没有做到"计上不计下,计左不计右"，而是全部统计
标志重捕法误差	活动能力强、范围大的动物	1.统计值比实际值偏大的原因有：①标志物脱落或标记个体大量死亡；②标记个体大量迁出或(未标记)个体大量迁入；③捕获后,下次难以再次被捕获 2.统计值比实际值偏小：①标志物影响动物活动,导致更易被捕获；②调查期间有较多的未标记个体迁入或死亡；③误将部分未标记个体统计为标记个体
抽样检测法误差	培养液中微生物	①未做到每天取样时间一致；②取样时未"振荡"，而是从静置培养液上层或下层取样；③计数板有气泡；④检测时培养液渗入后没有稍等片刻而直接观察(酵母菌还没有沉到计数室底部)或渗入后停留时间过长；⑤未能保障培养温度、pH等无关变量的一致性
取样器取样法误差	土壤中小动物	①未能给予最适"诱捕"条件，即未能充分利用土壤动物"趋湿""避光"特性，如未打开电灯可导致诱捕到的动物个体减少；②未做到土壤类型、取样时间、土层深度保持一致而导致计数误差；③对"不知名"的动物不予计数而导致误差(正确做法是:记为"待鉴定××",并记下其特征)

【题例赏析】

【题例1】 下列实验操作不能有效控制实验误差的是（ ）。

A.样方法调查种群密度，选取样方随机性

B.性状分离比模拟实验时，要随机摸球

C.调查某遗传病的遗传方式时，应随机取样

D.酵母菌数量变化的统计，要随机性选取计数的小方格

【解析】 保证实验统计结果的准确性，实验中要注意随机取样，不能有特定的方向性，才能有效控制实验误差，实验结果才会更加切合实际。需要关注随机取样的常见实验有：样方法调查种群密度中选取样方的随机性，性状分离比模拟实验时摸

球的随机性、调查人群中某遗传病调查对象的随机性、标志重捕法调查种群密度重捕地点的随机性选择，酵母菌数量变化的统计选取计数的小方格的随机性等。调查某遗传病的遗传方式时，应该在患者人群中进行。选C。

(八)"加减法原理"问题的微创设

【加法原理和减法原理的内涵】

对照实验中控制自变量的方式：一类是设法对研究对象进行干扰；一类是设法排除对研究对象的干扰。这是用两个相反的方式进行的自变量控制，其依据的原理是"加法原理"和"减法原理"。(1)加法原理，指与常态比较，人为增加某种影响因素，例如，增加生长素（或喷洒、涂抹或浸泡含有生长素的琼脂块）；增加空气中氧气（或泵入空气、放入绿色植物）。(2)减法原理，指与常态比较，人为去除某种影响因素，例如，除去叶中原有淀粉（黑暗环境中暗处理）；减少水中的氧气（密封容器或油膜覆盖或用凉开水）。

【题例赏析】

【题例1】欲研究药物乙对海拉细胞增殖的抑制作用，请根据以下提供的材料与用具，以海拉细胞的细胞数变化为测定指标，完善实验分组设计和实验思路，预测实验结果并进行分析与讨论。

材料与用具：海拉细胞悬液，药物甲溶液（对细胞增殖有影响），药物乙溶液，培养液，培养瓶，血细胞计数板，显微镜等。（要求与说明：细胞计数的具体操作过程不做要求，不考虑加入溶液对体积的影响，实验条件适宜）

回答下列问题：

(1)实验分组设计：

A组：海拉细胞悬液+培养液

B组：海拉细胞悬液+培养液+药物甲溶液

C组：海拉细胞悬液+培养液+药物甲溶液，培养一段时间后，加入_____。

(2)完善实验思路：_____。

(3)预测实验结果（以坐标曲线图形表示实验结果，并标出加入药物的时间）。

(4)分析与讨论：药物甲的作用是_____。

【解析】本实验的自变量是药物乙的有无，因变量是细胞数目。加药物之前，需先用血细胞计数板测定各组海拉细胞数。培养一段时间之后，向B组和C组分别加入适量药物甲，A组不做处理，继续培养一段时间，每隔一段时间测定各组细胞数，在相同且适宜的条件下继续培养一段时间后，向C组添加适量的药物乙，继续培养一段时间，每隔一段时间测定各组细胞数。要想让实验结果更准确，药物甲必须是促进细胞分裂的药物，这样才能更好地观察细胞乙的抑制作用。

答案：(1)适宜浓度的药物乙溶液。(2)①将培养瓶平均分为3组，编号为A、B、C，分别向三组培养瓶中加入等量的海拉细胞悬液和等量的培养液，在相同且适宜的条件下培养，分别用血细胞计数板测定各组的海拉细胞数；②在相同且适宜的条件下培养一段时间后，向B组和C组加入药物甲，A组不做处理，继续培养一段时间，每隔一段时间测定各组细胞数；③在相同且适宜的条件下继续培养一段时间后，向C组加入药物乙，继续培养一段时间，每隔一段时间测定各组细胞数；④统计并分析数据。(3)不同药物对海拉细胞增殖的影响。(4)促进细胞分裂。

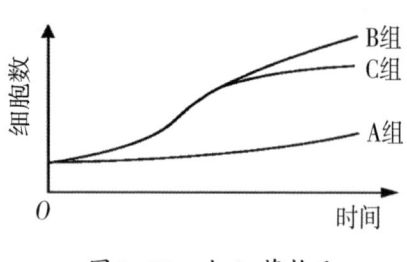

图3-28 加入药物乙

(九)围绕"实验评价"问题的微创设

【实验评价的内涵】

实验评价是根据实验的要求，对实验的整个流程作出科学的评价。其中"五看法"评价生物学实验设计是一种有效的途径：

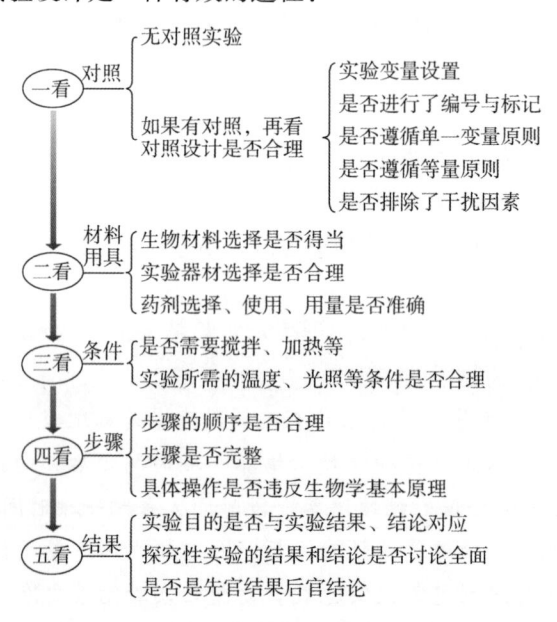

一看 对照
- 无对照实验
- 如果有对照，再看对照设计是否合理
  - 实验变量设置
  - 是否进行了编号与标记
  - 是否遵循单一变量原则
  - 是否遵循等量原则
  - 是否排除了干扰因素

二看 材料用具
- 生物材料选择是否得当
- 实验器材选择是否合理
- 药剂选择、使用、用量是否准确

三看 条件
- 是否需要搅拌、加热等
- 实验所需的温度、光照等条件是否合理

四看 步骤
- 步骤的顺序是否合理
- 步骤是否完整
- 具体操作是否违反生物学基本原理

五看 结果
- 实验目的是否与实验结果、结论对应
- 探究性实验的结果和结论是否讨论全面
- 是否是先官结果后官结论

图3-29 "五看法"评价实验设计流程

【题例赏析】

【题例1】下面是某同学设计的"探究温度是否影响酶的活性"的实验。

（1）实验假设：温度会影响酶的活性。

（2）备选材料用具：小烧杯、试管3支、淀粉、碘液、水浴锅、冰箱、蒸馏水、某同学的唾液。

（3）实验步骤：

①用淀粉和蒸馏水，在烧杯中制备多于6 mL的可溶性淀粉溶液；

②取唾液若干，并用蒸馏水适当稀释后备用；

③取3支试管，分别编为1号、2号、3号，各加入2 mL可溶性淀粉溶液；

④向3支试管中分别加入稀释的唾液，摇匀后放置5 min；

⑤将1号、2号、3号试管分别放入60 ℃的温水、沸水、冰块的环境中10 min；

⑥待冷却后，向3支试管中各加入2滴碘液，摇匀后观察溶液颜色的变化。

请思考并回答以下问题：

（1）指出上述实验步骤中的三处错误，并更正_____。

（2）1号、2号、3号3支试管加入的淀粉、唾液及保温时间均相同的理由是_____，以便得出科学结论。

（3）此实验中因变量的具体观测指标是_____。

【参考答案】（1）④中"稀释的唾液"改为"等量稀释的唾液"；④⑤两步的顺序应当互换；⑤中60 ℃的热水改为37 ℃的温水。（2）避免因淀粉、唾液和保温时间的不同给实验结果造成误差（确保实验结果的不同仅是由温度的差异引起的）。（3）溶液颜色变化。

【题例2】已知玉米高茎对矮茎为显性。某小组为了探究纯合高茎玉米植株所结果穗的所有子粒是全为纯合子，还是全为杂合子，还是既有纯合子又有杂合子，他们选取了该玉米果穗上的两粒种子作为亲本，单独隔离种植，结果发现子代植株全为高茎。由此他们判断该玉米果穗所有子粒均为纯合子。

（1）老师认为该结论不科学，原因是_____。

（2）请写出你的实验设计思路并预测实验结果。

实验思路：_____。

预测三种可能结果及结论：_____。

【参考答案】

（1）选择样本太少，实验有一定的偶然性，不能代表全部子粒的基因型；

（2）实验思路：用高茎玉米果穗上的全部子粒作亲本，单独隔离种植（或自交），分别观察记录子代植株的高矮情况。

预测三种可能结果及结论：①如果所有子粒的后代全为高茎，说明该玉米穗上的子粒全为纯合子。②如果所有子粒的后代既有高茎又有矮茎，说明该玉米穗上的子粒全为杂合子。③如果部分子粒的后代全为高茎，另一部分子粒的后代既有高茎又有矮茎，说明该玉米穗上的子粒既有纯合子也有杂合子。

【题例3】表3-26为甲、乙、丙三个同学分别设计的三组实验，用以验证酶的专一性。据此回答下列问题：

表3-26　酶的专一性验证实验

	A组	B组	所用酶制剂	所用试剂
甲	5 mL淀粉溶液	5 mL蔗糖溶液	淀粉酶	斐林试剂
乙	5 mL麦芽糖溶液	5 mL葡萄糖溶液	麦芽糖酶	斐林试剂
丙	5 mL淀粉溶液	5 mL蔗糖溶液	淀粉酶	碘液

（1）斐林试剂甲液和乙液正确的使用方法：_____。
（2）预期甲同学得到的实验现象：_____。
（3）乙同学的实验设计能否得出结论？_____，为什么？_____。
（4）丙同学的实验设计可能得不到实验结论，你认为原因是什么？_____。

【解析】（1）斐林试剂的成分：甲液是质量浓度为0.1 g/mL氢氧化钠溶液、乙液是质量浓度为0.05 g/mL硫酸铜溶液。鉴定还原糖时，要将甲液和乙液混合均匀后再加入待测溶液中，再水浴加热。

（2）由于酶的作用具有专一性，淀粉酶能将淀粉水解成麦芽糖（还原糖），不能将蔗糖（非还原糖）水解，所以用斐林试剂鉴定时，A组出现砖红色沉淀，B组没有砖红色沉淀产生。

（3）乙同学所采用的实验材料是麦芽糖和葡萄糖，这两者都是还原糖，用斐林试剂鉴定所得的实验结果相同，所以不能得出实验结论。

（4）丙同学最后采用碘液进行鉴定，由于蔗糖及其水解产物与碘液没有显色反应，因此不能看出蔗糖是否分解，所以该实验设计也得不到实验结论。

第4节 "社会责任"维度的素养目标和问题微创设

一 "社会责任"维度的素养目标

(一) 社会责任的内涵

"社会责任"是指基于生物学的认识,参与个人与社会事务的讨论,作出理性解释和判断,解决生产生活问题的担当和能力。

其构成要素包括以下几方面:(1)学生应能够以造福人类的态度和价值观,积极运用生物学的知识和方法,关注社会议题(如新型冠状病毒肺炎、艾滋病、试管婴儿、克隆、转基因、基因检测、人类基因组计划、器官移植、胚胎分割和移植等)并作出理性解释和判断,参与讨论并作出理性解释,辨别迷信和伪科学;(2)结合本地资源开展科学实践,尝试解决现实生活中与生物学相关的问题;(3)树立和践行"绿水青山就是金山银山"的理念,形成生态意识,参与环境保护实践;(4)主动向他人宣传关爱生命的观念和知识,崇尚健康文明的生活方式,主动向他人宣传健康生活、关爱生命,成为健康中国的促进者和实践者。社会责任要求学生具有高度的家国情怀,关心国家发展,具有公民意识、民族自豪感和强烈的爱国主义等。

(二) 核心素养之水平划分

表3-27 核心素养水平划分

素养水平	素养4:社会责任
水平一	知道社会热点中的生物学议题;认同健康的生活方式,珍爱生命,远离毒品;认同环境保护的必要性和重要性,认同地球是人类唯一的家园
水平二	关注并参与社会热点中的生物学议题的讨论;接受科学、健康文明的生活建议,珍爱生命,远离毒品;了解传染病的危害与防控知识;养成环保意识与行为;关注生物学技术在生产生活中的应用
水平三	基于生物学的基本观点,辨别迷信和伪科学;制订适合自己的健康生活计划;珍爱生命,远离毒品;主动运用传染病的相关防控知识保护自身健康;参与社区生物多样性保护以及环保活动的宣传和实践;积极参与绿色家庭、绿色学校、绿色社区等行为;具有通过科学实践解决生活中问题的意识和想法

(续表)

素养水平	素养4：社会责任
水平四	针对现代生物技术在社会生活中的应用，基于生物学的基本观点，辨别并揭穿伪科学；制订并践行健康生活计划；向他人宣传毒品的危害及传染病的防控措施；参与当地环保建议的讨论，积极参与绿色家庭、绿色学校、绿色社区等行为；能通过科学实践，尝试解决现实生活中的生物学问题

（三）核心素养学业质量水平

表3-28　核心素养学业质量水平

水平	质量描述	学业质量水平与考试评价的关系
1	形成热爱生命、人与自然和谐共处的基本观念，认同环境保护的必要性和重要性；认同健康的生活方式，远离毒品；能对有关生物学的社会热点议题进行理性判断	一、二级水平，除解决问题的情境相对简单和解决问题的程度相对较低外，涉及的大概念、方法等仅限于必修课程内容，是本学科学业水平合格考试的命题依据
2	形成热爱生命、人与自然和谐共处的基本观念，初步形成保护环境的意识，参与绿色家庭、绿色学校、绿色社区等行动；养成健康文明的生活方式，远离毒品，并能抵制封建迷信和伪科学；形成敬畏生命的观念，遵循正确的伦理道德，能对有关生物学的社会热点议题进行理性判断	
3	形成珍爱生命、人与自然和谐共处的观念，养成保护环境、维护生态平衡的行为习惯，积极参与绿色家庭、绿色学校、绿色社区等行动，并提出人与环境和谐相处的一些建议；养成健康文明的生活方式，远离毒品，自觉地抵制封建迷信和伪科学；形成敬畏生命的观念，遵循正确的伦理道德，能对生殖性克隆人等社会热点议题进行科学判断	三、四级水平，解决问题的情境相对复杂，解决问题的程度要求相对较高，涉及的大概念、方法等包括必修课程和选修课程的全部内容，是本学科学业水平等级性考试的命题依据
4	形成珍爱生命、人与自然和谐共处以及可持续发展的观念，养成保护环境、维护生态平衡的行为习惯，积极参与绿色家庭、绿色学校、绿色社区等行动，并提出人与环境和谐相处的合理化建议；养成健康文明的生活方式，自觉远离毒品，参与毒品危害的宣传；能够鉴别并自觉地抵制封建迷信和伪科学；遵循正确的伦理道德，能对生殖性克隆人等社会热点议题进行科学的评价	

（四）教学案例

核心素养的评价案例

每年7月至10月，在加拿大、美国阿拉斯加和挪威等地可观赏到三文鱼洄游的奇观。临近产卵期的三文鱼浩浩荡荡地逆流而上，跃过小瀑布和小堤坝，历经艰辛回到出生地产卵，随即结束自己的生命。而孵出的小鱼苗将顺流而下回到海洋，通常3年至5年长大成熟。据统计，野生三文鱼数量在过去30年内已减少2/3。仅在1994年至1999年间，北美河流的三文鱼年穿行量就从大约20万尾下降到8万尾。自20世纪60年代开始的肆无忌惮的商业捕捞是三文鱼濒临生存警戒线的根本原因。

2015年11月，美国食品药品监督管理局在经过5年食用安全性和3年环境安全性的评估后，批准了转基因三文鱼上市。该转基因三文鱼是在大西洋三文鱼的基因组中导入了两个基因，其中一个是奇努克三文鱼的生长激素基因，从而改变了大西洋三文鱼原有的生长激素调节方式。这些转基因三文鱼经进一步实验处理成为三倍体雌鱼。经过基因修饰后的大西洋三文鱼生长迅速，仅需18个月便能生长到成年体型。

问：

（1）三文鱼是深受人们喜爱的鱼类，其极尽生命产卵的景象辉煌而悲壮。人类可以采取哪些措施保护野生三文鱼资源？

（2）对转基因生物释放到自然界中的担忧之一是：转基因生物中含有的目的基因会通过有性生殖扩散到野生种群的基因库中，从而对遗传多样性造成影响。你认为本例中的转基因三文鱼是否会发生此种情况？为什么？

（3）你认为培育转基因三文鱼的优势是什么？

【评析】本题以社会广泛关注的转基因三文鱼上市为情境，运用减数分裂与有性生殖、基因工程以及生物多样性保护等相关内容，考查学生运用科学思维解决问题的能力。此外，本题还能考查学生关注和理解社会议题等社会责任。正确解答本题需学生具备科学思维与社会责任的三、四级水平。

本案例参见《普通高中生物学课程标准》。

二 "社会责任"维度的问题微创设

"美丽中国"理念，生态文明建设的诸多举措和成绩。引导学生热爱劳动、强化科学劳动的意识、树立创造性劳动的观念、弘扬劳动精神，反映出生物学科在劳动教育中独特的育人价值。

（一）"健康中国"题例赏析

"生命科学与健康生活"可以结合蛋白质、糖类、遗传病、细胞癌症等知识内容,倡导健康生活;在《稳态与调节》教材中系统地倡导健康生活,重视引导学生运用有关知识解决生活有关的问题,并引导建立健康生活方式。

【题例1】新冠肺炎疫情警示人们要养成良好的生活习惯,提高公共卫生安全意识。下列相关叙述错误的是（　　）

A. 戴口罩可以减少病原微生物通过飞沫在人与人之间的传播
B. 病毒能够在餐具上增殖,用食盐溶液浸泡餐具可以阻止病毒增殖
C. 高温可破坏病原体蛋白质的空间结构,煮沸处理餐具可杀死病原体
D. 生活中接触的物体表面可能存在病原微生物,勤洗手可降低感染风险

【解析】新冠肺炎是由新型冠状病毒引起的疾病,该病毒不能离开活细胞独立生活。戴口罩可以减少飞沫引起的病毒传播,可以在一定程度上预防新冠病毒;病毒只能依赖于活细胞才能存活,不能在餐桌上增殖;煮沸可以破坏病原体蛋白质的空间结构,进而杀死病原体;手可能接触到病毒,勤洗手可以洗去手上的病原体,降低感染风险。选B。

【题例2】艾滋病是一种免疫缺陷病,是由人类免疫缺陷病毒（HIV）引起的,死亡率极高,人感染HIV后,体液中HIV的浓度和人体内的主要的免疫细胞——T细胞的数量变化正确的是图3-30中哪一个（　　）。

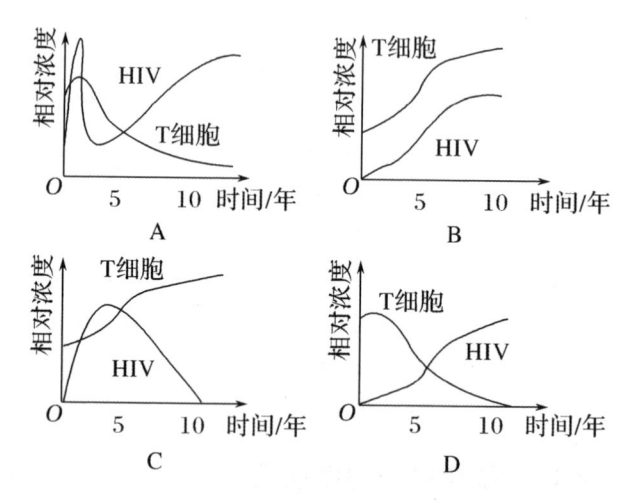

图3-30　HIV浓度和T细胞数量与时间关系坐标图

【解析】人感染HIV的初期,HIV可大量增殖,刚开始的一段时间,免疫系统能发挥免疫作用,T细胞增殖,数量增加,机体通过特异性免疫可消灭大多数的HIV,HIV数量下降。随着时间推移,HIV浓度增加,T细胞逐渐减少,免疫系统被破坏,最终导致机体的免疫能力几乎全部丧失。选A。

【题例3】我国对艾滋病病人实行"四免一关怀"政策,请查阅资料,了解这项

政策的具体内容，谈一谈这样做的原因和必要性。

【题例4】新型冠状病毒可通过表面的刺突蛋白（S蛋白）与人呼吸道黏膜上皮细胞的ACE2受体结合，侵入人体，引起肺炎。为判断疑似患者是否为新型冠状病毒感染者，采集鼻咽拭子主要用于病原学检查，检测病毒的_____；采集血液样本主要用于血清学检查，检测_____。

【解析】临床上为判断疑似患者是否为新型冠状病毒感染者，采集鼻咽拭子主要用于病原学检查，检测疑似患者的呼吸道是否有新冠病毒的核酸，采集血液样本主要用于血清学检查，检测血清中是否产生抗新型冠状病毒的抗体。

【题例5】血友病是伴X隐性遗传病。现有一对非血友病的夫妇生出了两个非双胞胎女儿。大女儿与一个非血友病的男子结婚并生出了一个患血友病的男孩。小女儿与一个非血友病的男子结婚，并已怀孕。回答下列问题：

（1）用"◇"表示尚未出生的孩子，请画出该家系的系谱图，以表示该家系成员血友病的患病情况。

（2）小女儿生出患血友病男孩的概率为_____；假如这两个女儿基因型相同，小女儿生出血友病基因携带者女孩的概率为_____。

（3）已知一个群体中，血友病的基因频率和基因型频率保持不变，且男性群体和女性群体的该致病基因频率相等。假设男性群体中血友病患者的比例为1%，则该男性群体中血友病致病基因频率为_____；在女性群体中携带者的比例为_____。

【解析】（1）根据题目所给信息直接画出。（2）因为大女儿与一个非血友病的男子结婚并生出了一个患血友病的X^bY（用B、b表示血友病基因）男孩，所以大女儿的基因型为X^BX^b，而大女儿的X^b来自她母亲，所以母亲的基因型X^BX^b，那么小女儿的基因型为X^BX^b或X^BX^B，小女儿生出患血友病男孩的概率为1/4×1/2=1/8；假如这两个女儿基因型相同，小女儿的基因型也为X^BX^b，生出血友病基因携带者女孩的概率为1/4。（3）男性群体中血友病患者的比例为1%，则该男性群体中血友病致病基因频率为1%；在女性群体中携带者的比例为2×1%×99%=1.98%。

【答案】（1）见图3-31。（2）1/8　　1/4　　（3）0.01　　1.98%

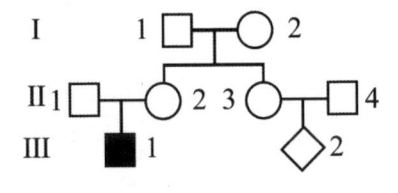

图3-31 系谱图

【题例6】日常生活中过量饮酒以及不良的饮酒方式会给机体带来诸多不良影响，请回答下列问题：

（1）研究发现，乙醇不会抑制肝糖原的水解，但是会抑制其他物质转化为葡萄糖，还会抑制低血糖时具有升血糖作用的激素的释放。空腹饮酒易导致低血糖，但是低血糖一般在数小时后出现，其原因是_____。对于酒精性低血糖症急性发作的患者，最佳治疗方法是_____，以快速恢复血糖浓度。

（2）人大量饮酒后，会出现意识模糊、步态不稳等症状，出现这些症状的原因是酒精分别麻醉了图3-32脑中的_____（填编号和名称），从而影响它们正常的功能。

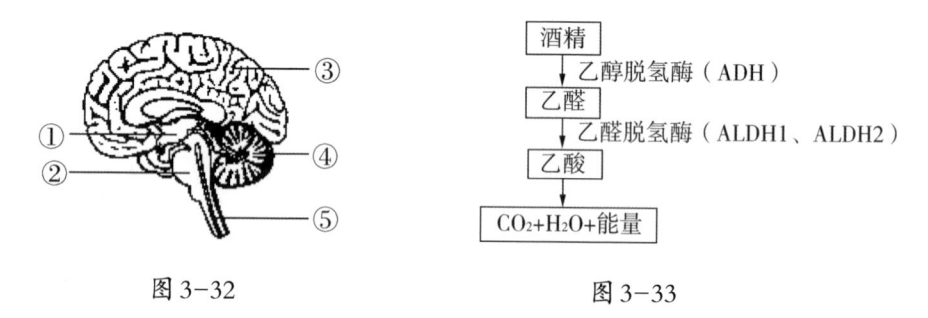

图 3-32　　　　　　　　　　图 3-33

（3）图3-33是酒精在肝脏细胞中代谢的过程示意图，有些人酒一下肚就脸红，是乙醛引起的，说明乙醛具有使（脸部）毛细血管____功能；少数"千杯不醉"的人喝酒多时会大量出汗，据图6-3推测其原因是这种人肝细胞内_____，使酒精迅速转化为无害的 CO_2 和 H_2O，释放大量的热量，故出汗多。

【参考答案】

（1）机体储存的肝糖原可在一段时间内维持血糖浓度的平衡（相对稳定）；静脉注射（高浓度）葡萄糖溶液。（2）③大脑皮层、④小脑（顺序不能颠倒，每个部位要编号和名称都正确才得分）。（3）舒张（扩张）；乙醇脱氢酶和乙醛脱氢酶的数量多、活性高。

（二）"美丽中国"题例赏析

我国的生态文明建设必须考虑到生物与环境之间是相互影响、相互作用的，也是相互依赖、相互制约的。生物与环境是一个不可分割的统一整体。人类社会的发展进程中产生了环境问题，人类与环境的矛盾，处于不断变化之中，永无止境。人类必须依靠"生命科学与生态文明"中科技进步和教育发展，逐步更新人口观念，提高人口素质，合理开发资源，高效利用资源，保护生态，治理环境，走可持续发展的新路，建设"美丽中国"。

【题例1】中国绿色基金会等公益机构发动社会力量在荒漠化地区植树造林。下列叙述错误的是（　　）。

　　A.植树造林是缓解土地荒漠化的有效措施

　　B.荒漠地区造林应多采用本地乡土树种

　　C.植树造林能提高生态系统的生态功能

　　D.荒漠地区造林能促进能量的循环流动

【解析】生态工程以生态系统的自组织、自我调节功能为基础，遵循着整体、协调、循环、自生等生态学基本原理，在荒漠化地区植树造林属于生态工程。

森林具有涵养水源、保持水土的作用，植树造林能够防止土地退化，进而缓解土地荒漠化。

应用协调原理进行生态工程建设时，要处理好生物与环境、生物与生物的协调与平衡，因此，荒漠地区造林应多采用本地乡土树种；植树造林，能增加生物的多样性，使生态系统的营养结构复杂化，从而改善生态环境，因此能提高生态系统的生态功能；生态系统的能量流动是单向的，所以荒漠地区造林不能促进能量的循环流动。故选D。

【题例2】为加大对濒危物种绿孔雀的保护，我国建立了自然保护区，将割裂的栖息地连接起来，促进了绿孔雀种群数量的增加。下列说法错误的是（　　）。

　　A.将割裂的栖息地连接，促进了绿孔雀间的基因交流

　　B.提高出生率是增加绿孔雀种群数量的重要途径

　　C.绿孔雀成年雄鸟在繁殖期为驱赶其他雄鸟发出的鸣叫声，属于物理信息

　　D.建立自然保护区属于易地保护，是保护绿孔雀的有效措施

【解析】将割裂的栖息地连接，打破了种群之间的地理隔离，促进绿孔雀间的基因交流；提高出生率可以增加绿孔雀的种群数量；雄鸟发出的鸣叫声属于物理信息；建立自然保护区，属于就地保护。选D。

【题例3】十九大报告提出，坚持人与自然和谐共生，必须树立和践行绿水青山就是金山银山的理念，坚持节约资源和保护环境的基本国策，像对待生命一样对待生态环境，统筹山水林田湖草系统治理，实行最严格的生态环境保护制度，形成绿色发展方式和生活方式，为全球生态安全作出贡献。下列叙述错误的是（　　）。

　　A.自然生态系统自我调节能力的基础是负反馈调节

　　B.发展生态农业，实现物质和能量的多级循环利用

　　C.受重灾后的森林生态系统恢复的过程属于次生演替

　　D.合理开发和利用自然资源是保护生物多样性的基本原则

【解析】发展生态农业，可实现物质的多级循环利用，但能量流动是单向的，逐级递减的，所以不能实现能量的多级循环利用。选B。

【题例4】2019年，中国"蚂蚁森林"项目获得联合国最高环保荣誉——"地球卫士奖"，该项目旨在倡导低碳生活，保护环境。项目自推出以来，已在荒漠地区种下1亿棵绿树，沙漠正逐渐成为绿洲。下列关于生态系统的叙述，正确的是（　　）

A.食物链中相邻营养级的能量传递效率可通过能量的多级利用而提高

B.生态系统中的能量流动和物质循环是两个相对独立的过程

C.森林采用科学合理的间伐，可提高其恢复力稳定性

D."绿水青山就是金山银山"体现了生态系统的可持续发展

【解析】一般而言，能量在相邻两个营养级之间的传递效率大约是10%～20%，能量的多级利用可以提高能量的利用率，但不能提高能量传递效率；能量流动和物质循环是生态系统的主要功能，二者是同时进行的，彼此相互依存，不可分割；森林采用科学合理的间伐，有利于森林生态系统抵抗外界干扰并使自身结构与功能不受损害，提高其抵抗力稳定性；"绿水青山就是金山银山"以尊重和维护生态环境为主旨，以可持续发展为依据，尊重自然，保护自然。选D。

【题例5】为推动生态文明建设，国务院发布了《大气污染防治行动计划》。某科研小组开展酸雨与生态系统关系的研究。表3-29是不同pH值的酸雨对三种植物叶绿素含量（mg/g）影响的结果。

表3-29　不同pH值酸雨对三种植物叶绿素含量的影响

pH值	5.8(对照)	4.0	3.0	2.0
桃树	2.20(100)	2.19(99.55)	2.13(96.82)	1.83(83.18)
蜡梅	3.65(100)	3.58(98.08)	3.44(94.25)	2.95(80.82)
木樨	1.07(100)	1.07(100)	1.05(98.13)	0.96(89.72)

注：括号内为与同种植物对照实验的相对百分比。

（1）由表可知：

①随着酸雨pH值的降低，叶绿素含量受影响的程度越来越大；②_____；③_____。

（2）长期酸雨影响会导致部分生物死亡，使生态系统的_____稳定性降低，原因是_____。

【参考答案】

（1）②酸雨（pH）对三种植物叶绿素含量的影响程度不同，对蜡梅影响最大，对木樨影响最小；③pH=5.8时，三种植物的叶绿素均不受影响。

（2）抵抗力；物种越少，营养结构越简单，抵抗力稳定性越弱。

【题例6】 森林碳汇一般指植物把大气中的CO_2以生物量的形式固定在植被和土壤中，从而减少大气中CO_2浓度的过程。回答下列问题：

（1）CO_2被植物吸收后，碳元素经光合作用的_____过程转化到有机物并储存于植物中。上述过程所需的ATP和［H］的合成场所是叶绿体的_____。除光合作用外，森林碳汇还受植物的_____（填生理作用）的影响。

（2）每年5月至9月是我国植物的快速生长期。该期间促进植物快速生长的非生物因素主要包括_____。

（3）近40年来，我国森林面积持续增长，其中的中幼龄森林正成为森林碳汇的主力军。若要增加某地的森林碳汇，可采取的措施有_____（写出两点）。

【参考答案】

（1）暗反应（或答：碳反应）；类囊体膜；细胞呼吸。（2）温度、光照强度。（3）植物造林、禁止乱砍滥伐。

【题例7】 习近平总书记在谈到环境保护问题时，他指出：宁要绿水青山，不要金山银山，而且绿水青山就是金山银山。生动形象地表达了我们党和政府大力推进生态文明建设的鲜明态度和坚定决心。回答以下有关生态学的问题：

（1）"绿水"离不开"青山"，这主要体现了植物资源的_____价值。

（2）人类在享受经济快速发展带来的巨大红利的同时，也付出了惨痛的代价，给生态平衡造成了严重破坏。运用恢复生态学的原理对生态环境进行恢复和重建刻不容缓。恢复生态的目标是重建某一区域历史上曾经有的_____群落，使这一区域生态系统的_____恢复到（或接近）受干扰前的原状；主要利用的是_____理论。

（3）立体型综合生态农业不仅效益高，而且能有效降低环境污染。如运用群落的_____原理，在果园的果树下加入一个人工栽培的草菇种群，形成"果树—草菇结构"的立体农业。该农业能实现废弃物的资源化，提高_____。

【解析】

（1）生物多样性的价值包括直接价值、间接价值及潜在价值。"绿水"离不开"青山"，这主要体现了植物资源在保持水土方面的作用，属于间接价值。

（2）恢复生态的目标是重建某一区域历史上曾经有的植物和动物群落，使这一区域生态系统的结构和功能恢复到（或接近）受干扰前的原状。主要利用的是群落演替理论。

（3）立体型综合生态农业不仅效益高，而且能有效降低环境污染。如运用群落的空间结构原理，在果园的果树下加入一个人工栽培的草菇种群，形成"果树—草菇结构"的立体农业。该农业能实现废弃物的资源化，提高能量利用率。

【题例8】图3-34是某农业生态系统模式图。

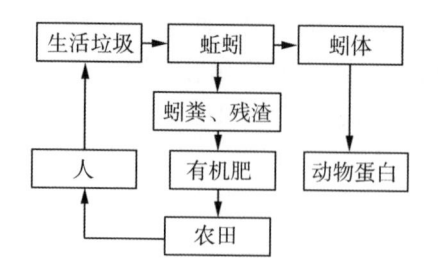

图3-34 农业生态系统模式图

据图回答下列问题：

（1）蚯蚓生命活动所需的能量来自生活垃圾中的_____（填"有机物"或"无机物"）。生活垃圾中的细菌和真菌属于分解者，在生态系统中分解者的作用是_____。

（2）根据生态系统中分解者的作用，若要采用生物方法处理生活垃圾，在确定处理生活垃圾的方案时，通常需要考虑的因素可概括为三个方面，即_____。

（3）有机肥在土壤中经分解、转化可产生NO_3^-，通常植物根系对NO_3^-的吸收是通过_____运输完成的。

【参考答案】

（1）有机物；将动植物遗体和动物的排遗物分解成无机物。（2）待分解生活垃圾的性质，引进的分解者生物的种类，处理环境的理化条件（温度、湿度、pH等）。（3）主动。

（三）"爱国情怀"题例赏析

列宁说："爱国主义就是千百年来巩固起来的对自己祖国的一种最浓厚的感情。"培养学生爱国主义是生物学科教学的重要环节，教材中有许多关于介绍我国生物科学的成就，为教学提供了重要的德育素材。

【题例1】我国的酿酒技术历史悠久，古人在实际生产中积累了很多经验。《齐民要术》记载：将蒸熟的米和酒曲混合前需"浸曲发，如鱼眼汤，净淘米八斗，炊作饭，舒令极冷"。意思是将酒曲浸到活化，冒出鱼眼大小的气泡，把八斗米淘净，蒸熟，摊开冷透。下列说法错误的是（　　）

A."浸曲发"过程中酒曲中的微生物代谢加快

B."鱼眼汤"现象是微生物呼吸作用产生的CO_2释放形成的

C."舒令极冷"的目的是防止蒸熟的米温度过高导致酒曲中的微生物死亡

D."净淘米"是为消除杂菌对酿酒过程的影响而采取的主要措施

【解析】

参与酒精的制作的微生物是酵母菌，酵母菌是兼性厌氧型微生物，在有氧条件下进行有氧呼吸将葡萄糖分解为二氧化碳和水，在无氧条件下生成酒精和二氧化碳。"浸曲发"是将酵母菌活化，可以使微生物代谢加快；"鱼眼汤"是指酵母菌在呼吸过程中产生CO_2，使溶液中出现气泡；"舒令极冷"是将米饭摊开冷透，防止温度过高导致微生物（酵母菌死亡），在做酒过程中，为消除杂菌的影响主要靠"炊作饭"，即蒸熟。选D。

【题例2】在漫长的历史时期内，我们的祖先通过自身的生产和生活实践，积累了对生态方面的感性认识和经验，并形成了一些生态学思想，如自然与人和谐统一的思想。根据这一思想和生态学知识，下列说法错误的是（　　）。

A.生态系统的物质循环和能量流动有其自身的运行规律

B.若人与自然和谐统一，生产者固定的能量便可反复利用

C."退耕还林、还草"是体现自然与人和谐统一思想的实例

D.人类应以保持生态系统相对稳定为原则，确定自己的消耗标准

【解析】

生态系统的物质循环和能量流动的渠道都是食物链和食物网，前者具有全球性、可以被生物群落循环反复利用，后者是单向流动、逐级递减的，二者都有其自身的运行规律；"退耕还林、还草"是提高并保持生态系统稳定性的重要措施，是体现自然与人和谐统一思想的实例；人类的活动应该遵循生态系统的客观规律，应以保持生态系统相对稳定为原则，确定自己的消耗标准。选B。

【题例3】2018年我国科学家合成了4条酿酒酵母染色体，合成的染色体删除了研究者认为无用的DNA，加入了人工接头，总体长度比天然染色体缩减8%，为染色体疾病、癌症和衰老等提供研究与治疗模型，下列说法错误的是（　　）。

A.合成人工染色体需要氨基酸和脱氧核苷酸作为原料

B.通过荧光标记染色体上的基因可以知道基因在染色体的位置

C.染色体上的DNA某处发生了个别碱基对增添属于基因突变

D.酿酒酵母可能会发生基因突变、基因重组和染色体变异

【解析】

染色体的主要成分是蛋白质和DNA，而合成蛋白质和DNA的原料分别是氨基酸和脱氧核苷酸，因此合成人工染色体需要氨基酸和脱氧核苷酸作为原料；通过荧光标记染色体上的基因并进行荧光显色，可以知道基因在染色体的位置；若DNA分子的非遗传效应片段发生了个别碱基对增添，则不属于基因突变；酵母菌是真核生

物，能进行有性生殖，因此可以发生基因突变、基因重组和染色体变异。选C。

【题例4】2015年"青蒿素之母"屠呦呦获得了诺贝尔生理学或医学奖。青蒿素是从黄花蒿的茎叶中提取的无色针状晶体，易溶于有机溶剂，不溶于水，不易挥发。请回答以下问题：

（1）从黄花蒿中提取青蒿素时，应采用____法，所选用的有机溶剂为____（填"乙醇"或"乙酸乙酯"），通常在提取前将黄花蒿茎叶进行粉碎和____，以提高效率。提取过程中宜采用____加热以防止燃烧、爆炸，加热时瓶口要安装____装置，所得液体浓缩前进行_____。

（2）黄花蒿精油是从黄花蒿的花蕾中提取的，其原理是利用水蒸气将挥发性较强的植物芳香油携带出来，形成的油水混合的乳浊液呈____色，此时向乳浊液中加入氯化钠，就会出现明显的分层现象，可用分液漏斗将其分开，然后再加入_____，得到纯精油。

【解析】

（1）由题意"青蒿素易溶于有机溶剂，不溶于水，不易挥发"可知：应采用萃取法从黄花蒿中提取青蒿素。乙醇是水溶性有机溶剂，萃取中能与水混溶而影响萃取效果，所以乙醇不能用于青蒿素萃取；乙酸乙酯不与水混溶，因此可用于青蒿素的萃取。通常在提取前将黄花蒿茎叶进行粉碎和干燥，以提高效率。提取过程中宜采用水浴加热以防止燃烧、爆炸，加热时瓶口要安装回流冷凝装置，所得液体浓缩前进行过滤。（2）黄花蒿精油是从黄花蒿的花蕾中提取的，其原理是利用水蒸气将挥发性较强的植物芳香油携带出来，形成的油水混合的乳浊液呈乳白色，此时向乳浊液中加入氯化钠，就会出现明显的分层现象，可用分液漏斗将其分开，然后再加入无水硫酸钠吸水，得到纯精油。

【题例5】早在明朝，我国劳动人民已经懂得根据鱼类的不同食性和栖息特点进行混合放养，以提高养殖的经济效益。表3-30为某鱼塘中鱼的种类、栖息水层和主要食物的对应关系。

表3-30 某鱼塘中鱼的种类、栖息水层和主要食物

鱼的种类	栖息水层	主要食物
鲢鱼	上层	浮游植物
鳙鱼	中上层	浮游动物
草鱼、鳊鱼	中上层	水草、浮萍
鲤鱼、鲫鱼	底层	底栖动物、有机碎屑

回答下列问题：

（1）不同鱼类生活在鱼塘的不同水层，形成了群落的_____结构，有利于养殖鱼类对鱼塘水体空间和_____的充分利用。

（2）能量从太阳能到鳙鱼的流动途径是_____。为维持鱼塘生态系统的稳定性，放养鱼苗时鳙鱼的投放量要_____（填"大于""小于"或"等于"）鲢鱼。

（3）给鱼塘施肥可以提高鱼的产量，但某些情况下又会造成鱼的死亡，原因是_____。

【参考答案】

（1）垂直结构；资源。（2）浮游植物→浮游动物→鳙鱼；小于。（3）鱼塘施肥使得水体富营养化，浮游植物大量生长，一方面为鱼类提供了营养物质，从而提高鱼类的产量；另一方面使水体中溶氧量下降，造成鱼类由于缺氧而死亡。

【题例6】目前，新型冠状病毒仍在全球肆虐横行，各国研制的疫苗相继进入临床阶段并有望投入市场。我国研制出某种疫苗，初步实验得知该疫苗总剂量 8 μg 为最佳剂量，为了确定最佳接种方案，进一步进行了临床实验研究，如表3-31所示，请回答以下相关问题：

表3-31 疫苗接种剂量、时间和相应抗体的关系

组别		A_1	A_2	B_1	B_2	C_1	C_2	D_1	D_2
接种试剂剂量(μg/针)	疫苗	a	/	4	/	4	/	4	/
	X	/	a	/	4	/	4	/	4
第一针接种时间		第0天							
第二针接种时间		不接种		第14天		第21天		第28天	
相应抗体相对含量		14.7	0	169.5	0	282.7	0	218.0	0

注：A_1、B_1、C_1、D_1组分别接种该疫苗，A_2、B_2、C_2、D_2组分别接种X试剂。

（1）从表中可看出，该实验的自变量有_____。

（2）表中试剂X是_____，a的剂量应该为_____。

（3）A_1组中产生抗体的细胞来自_____的增殖分化。

（4）根据实验结果分析：

①疫苗接种两次组的抗体含量均明显高于接种一次组，原因是：_____。

②疫苗两次接种时间间隔_____的效果最好，间隔时间过短影响效果的原因可能是：_____。

【参考答案】

(1)是否接种疫苗、疫苗接种次数、两次接种间隔时间。(2)生理盐水(不含疫苗成分的试剂);8。(3)B细胞。(4)①机体再次接触相同抗原,记忆细胞迅速增殖分化,产生了大量抗体;②21天;疫苗中的抗原与初次免疫后存留的抗体结合后被迅速清除。

【题例7】2018年《细胞》期刊报道,中国科学家率先成功地应用体细胞对非人灵长类动物进行克隆,获得两只克隆猴——"中中"和"华华"。回答下列问题:

(1)"中中"和"华华"的获得涉及核移植过程,核移植是指_____。通过核移植方法获得的克隆猴,与核供体相比,克隆猴体细胞的染色体数目_____(填"减半""加倍"或"不变")。

(2)哺乳动物的核移植可以分为胚胎细胞核移植和体细胞核移植,胚胎细胞核移植获得克隆动物的难度_____(填"大于"或"小于")体细胞核移植,其原因是_____。

(3)在哺乳动物核移植的过程中,若分别以雌性个体和雄性个体的体细胞作为核供体,通常,所得到的两个克隆动物体细胞的常染色体数目_____(填"相同"或"不相同"),性染色体组合_____(填"相同"或"不相同")。

【参考答案】

(1)将动物的一个细胞核,移入一个已去掉细胞核的卵母细胞;不变。(2)小于;胚胎细胞分化程度低,恢复全能性相对容易。(3)相同;不同。

【题例8】2018年8月,我国科学家宣布,他们对酿酒酵母的16条染色体进行了研究,重新设计并人工合成为1条染色体,这1条染色体就可以执行16条染色体的功能。将这条染色体移植入去核的酿酒酵母细胞后,细胞依然能够存活,并表现出相应的生命特性。这是国际上首次人工创建的具有单条染色体的真核细胞。这项研究成果是合成生物学领域中一项里程碑式的突破。下列有关叙述错误的是(   )

A.该酵母菌发生了变异,改变了其进化方向

B.可以用血细胞计数板来调查酵母菌的数量变化

C.该项研究增加了酵母菌的遗传多样性

D.酵母菌的遗传物质主要存在于染色体上

【解析】

该酵母菌发生了染色体变异,生物进化的方向是由自然选择决定的,染色体变异不能改变酵母菌的进化方向;酵母菌形体微小,可以用血细胞计数板来调查酵母菌的数量变化;该酵母菌的遗传物质发生了改变,增加了酵母菌的遗传多样性;酵母菌是一种单细胞的真菌,其遗传物质为DNA,主要存在于染色体上。选A。

【题例9】糖尿病属于中医"消渴病"的范畴,在《素问·奇病论》中就有论述:

"此人必数食甘美而多肥也,肥者令人内热,甘者令人中满,故其气上溢,转为消渴。"请回答下列相关问题:

(1) 现有甲、乙两人,甲的胰岛B细胞被自身免疫反应破坏,乙的胰岛B细胞功能正常,但体内含有抗胰岛素受体的抗体。这两人中,血糖浓度超出正常范围的是_____,胰岛素含量较高的是_____。

(2) 通过注射胰岛素治疗由肝细胞对血糖利用率不高所导致的糖尿病,从发病机理看,治疗效果_____(填"好"或"不好"),理由是_____。

(3) 科研人员给生长状态等其他条件相同的两组小鼠分别饲喂等量的正常饮食和高脂饮食,6周后的测量结果如下表3-32:

表3-32 两组小鼠测量结果比较

组别	6周后体重/g	空腹血糖/(mmol·L^{-1})	胰岛素/(mv·L^{-1})
正常饲养组	271	4.8	18.7
高脂饲养组	348	5.3	36

①该实验体现出实验设计的基本原则是_____。

②实验结果表明,高脂饮食会使小鼠的空腹血糖浓度_____(填"升高"或"降低")。高脂饲养组小鼠体重偏大的原因是_____。

高脂饲养组的小鼠空腹时胰岛素含量明显升高,而血糖也处于较高水平,可能的原因是_____。

【解析】

(1) 根据题意分析,甲的胰岛B细胞被自身免疫反应所破坏,这会导致胰岛素分泌不足,进而导致血糖浓度升高;乙体内含有抗胰岛素受体的抗体,胰岛素的含量较高,但是不能与其受体正常结合,进而导致血糖浓度升高。

(2) 根据以上分析可知,由于肝细胞膜上胰岛素受体减少(或部分胰岛素受体被破坏、或部分胰岛素受体结构异常),所导致的糖尿病患者的胰岛素含量比正常人偏高,并不是胰岛素分泌不足引起的,因此通过注射胰岛素不能达到预期的治疗效果。

(3) 该实验中设置了"正常饲养组"与"高脂饲养组"进行对照,且单一变量为"正常"与"高脂",分析相关实验结果可得出相应结论。

【参考答案】

(1) 甲和乙;乙。(2) 不好;注射胰岛素对胰岛素缺乏引起的糖尿病有疗效,而题中所述类型的糖尿病不是由胰岛素缺乏引起的。(3) ①对照、单一变量。②升高;过剩的脂肪在体内储存;高脂饮食影响了胰岛素与受体的识别、结合,使细胞对胰岛素的敏感性降低。

(四)"劳动教育"题例赏析

全国教育大会上指出,要努力构建德、智、体、美、劳、全面培养的教育体系。劳动实践与生物学科发展密切相关,相互促进。在劳动实践中积累的经验充实和完善了生物学科体系,劳动实践推动了生物科学的发展;生物学理论和技术可指导劳动生产,解决与劳动相关的实际问题,促进劳动生产率的提高。生物学科鼓励学生自觉运用科技成果改善劳动方式,提高生产效率,倡导劳动光荣的理念,反映出生物学科在劳动教育中独特的育人价值。探究劳动生产问题,增强科学劳动意识;展现劳动生产新方式,传达创造性劳动理念。

【题例1】我国古代劳动人民积累的丰富农业生产经验,至今仍在实践中应用。下列叙述与植物激素作用无直接关系的是( )。

A.适时打顶去心,可促进棉株开花结实。(据《农桑辑要》)

B.肥田之法,种绿豆最佳,小豆、绿豆次之。(据《齐明要术》)

C.正月种白稻,五月收获后,根茬长新稻,九月又成熟。(据《广志》)

D.新摘未成熟的红柿,每篮放木瓜二、三枚,得气即发,涩味尽失。(据《格物粗谈》)

【解析】

棉花适时打顶摘心是为了解除顶端优势,这与生长素的两重性有关,A项错误;绿豆能和根瘤菌互利共生,可以利用空气中的氮,起到固氮的作用,从而提高土壤肥力,与植物激素无关,B项符合;在水稻的根茬发芽长出新稻主要与生长素有关,再发育到成熟是受多种植物激素共同调节的结果,C项错误;柿子的成熟与木瓜释放的乙烯有关,D项错误。选B项。

【题例2】农业生产中的一些栽培措施可以影响作物的生理活动,促进作物的生长发育,达到增加产量等目的。回答下列问题:

(1)中耕是指作物生长期中,在植株之间去除杂草并进行松土的一项栽培措施,该栽培措施对作物的作用有_____(答出两点即可)。

(2)农田施肥的同时,往往需要适当浇水,此时浇水的原因是_____(答出一点即可)。

(3)农业生产常采用间作(同一生长期内,在同一块农田上间隔种植两种作物)的方法提高农田的光能利用率。现有4种作物,在正常条件下生长能达到的株高和光饱和点(光合速率达到最大时所需的光照强度)见表3-33。从提高光能利用率的角度考虑,最适合进行间作的两种作物是_____,选择这两种作物的理由是_____。

表 3-33　不同作物的株高和光饱和点比较

作物	A	B	C	D
株高/cm	170	65	59	165
光饱和点 /$\mu mol \cdot m^{-2} \cdot s^{-1}$	1 200	1 180	560	623

【参考答案】

(1) 减少杂草对水分、矿质元素和光的竞争；增加土壤氧气含量，促进根系的呼吸作用。(2) 肥料中的矿质元素只有溶解在水中才能被作物根系吸收。(3) A 和 C。作物 A 光饱和点高且长得高，可利用上层光照进行光合作用；作物 C 光饱和点低且长得矮，与作物 A 间作后，能利用下层的弱光进行光合作用。

【题例3】氮元素是植物生长的必需元素，合理施用氮肥可提高农作物的产量。回答下列问题：

(1) 植物细胞内，在核糖体上合成的含氮有机物是_____，在细胞核中合成的含氮有机物是_____，叶绿体中含氮的光合色素是_____。

(2) 农作物吸收氮元素的主要形式有铵态氮（NH_4^+）和硝态氮（NO_3^-）。已知作物甲对同一种营养液（以硝酸铵为唯一氮源）中 NH_4^+ 和 NO_3^- 的吸收具有偏好性（NH_4^+ 和 NO_3^- 同时存在时，对一种离子的吸收量大于另一种）。请设计实验对这种偏好性进行验证，要求简要写出实验思路、预期结果和结论。

【参考答案】

(1) 蛋白质；核酸；叶绿素。

(2) 实验思路：配制营养液（以硝酸铵为唯一氮源），用该营养液培养作物甲，一段时间后，检测营养液中 NH_4^+ 和 NO_3^- 剩余量。

预期结果和结论：若营养液中 NO_3^- 剩余量小于 NH_4^+ 剩余量，则说明作物甲偏好吸收 NO_3^-；若营养液中 NH_4^+ 剩余量小于 NO_3^- 剩余量，则说明作物甲偏好吸收 NH_4^+。

【题例4】与常规农业相比，有机农业、无公害农业通过禁止或减少化肥、农药的使用，加大有机肥的应用，对土壤生物产生了积极的影响。某土壤中部分生物类群及食物关系如图 3-35 所示，三种农业模式土壤生物情况如表 3-34 所示。

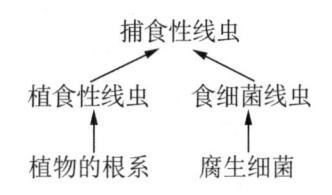

图 3-35　生物类群及食物关系

表3-34 不同农业模式土壤生物情况

取样深度(cm)	农业模式	生物组分(类)	食物网复杂程度(相对值)
0~10	常规农业	15	1.06
	有机农业	19	1.23
	无公害农业	17	1.10
10~20	常规农业	13	1.00
	有机农业	18	1.11
	无公害农业	16	1.07

回答下列问题：

(1) 土壤中的线虫类群丰富，是土壤食物网的关键组分。若捕食性线虫为该土壤中的最高营养级，与食细菌线虫相比，捕食性线虫同化能量的去向不包括_____。某同学根据生态系统的概念认为土壤是一个生态系统，其判断依据是_____。

(2) 取样深度不同，土壤中生物种类不同，这体现了群落的_____结构。由表中数据可知，土壤生态系统稳定性最高的农业模式为_____，依据是_____。

(3) 经测定该土壤中捕食性线虫体内的镉含量远远大于其他生物类群，从土壤生物食物关系的角度分析，捕食性线虫体内镉含量高的原因是_____。

(4) 植食性线虫主要危害植物根系，研究表明，长期施用有机肥后土壤中植食性线虫的数量减少，依据图中信息分析，主要原因是_____。

【参考答案】

(1) 流入下一个营养级；土壤是由各类土壤生物组成的生物群落和无机环境相互作用而形成的统一整体。(2) 垂直；有机农业；生物组分多，食物网复杂程度高。(3) 镉随着食物链的延长逐渐积累。(4) 长期施用有机肥后腐生细菌增加使食细菌线虫增加，引起捕食性线虫增加，植食性线虫因被大量捕食而减少，减少量多于其因植物根系增长而增加的量。

【题例5】某地开发了鱼鸭混养的养殖模式，鱼塘内养殖鲢鱼，鱼塘边建立鸭棚(鸭群可进入鱼塘)。鲢鱼生活在鱼塘的上层水域，主要以浮游植物为食，鸭主要以饲料为食，鸭粪散落在水中可促进浮游植物的增多。鱼鸭混养取得了良好的经济效益。回答下列问题：

(1) 该人工生态系统的能量来自_____。

(2) 鸭粪能促进浮游植物生长的原因是_____。

(3) 养殖户甲过度增大了鸭子的养殖密度，导致鸭粪对鱼塘污染严重，鲢鱼大量死亡。鲢鱼大量死亡的原因可能是_____。

(4) 养殖户乙为进一步优化鱼鸭混养的养殖模式，增养鳙鱼。鳙鱼主要以浮游动物为食，而浮游动物主要以浮游植物和现成有机物碎屑为食。综合分析，养殖户乙增养鳙鱼的优势有_____（写出两点）。

【参考答案】

(1) 浮游植物固定太阳能和人提供的饲料中的能量。(2) 鸭粪在水中微生物分解为无机物，分解的某些无机物可以被浮游植物所吸收利用，从而促进浮游植物生长。(3) 鸭子密度过大，产生的粪便增多，一方面使鱼塘污染；另一方面使浮游植物大量繁殖，造成水体缺氧。(4) 鸭子密度过大，产生的粪便增多，一方面使鱼塘污染；另一方面使浮游植物大量繁殖，造成水体缺氧。

【题例6】谚语讲：有收无收在于水，收多收少在于肥。为了探究春季不同时期追施氮肥对小麦产量的影响，科研小组在小麦发育的起身期、拔节期及挑旗期分别追施氮肥 90 kg·km^{-2}，获得的研究数据如表3-35。回答下列问题：

表3-35 小麦不同时期施氮肥与产量的关系

处理时期	穗数/(10^4穗·km^{-2})	穗粒数/粒	粒重/mg	产量/(kg·km^{-2})
起身期	692.5±121.9	34.1±0.36	36.2±0.4	8 252.2±408.7
拔节期	662.6±26.9	36.2±0.45	39.3±1.1	9 014.5±141.7
挑旗期	659.1±33.0	35.3±0.43	37.9±0.3	8 570.2±276.2

(1) 氮肥能提高小麦产量的原因之一是氮肥中的氮元素是组成_____（答两个参与光反应的物质）的必需元素。从物质循环角度分析，小麦田中要不断施加氮肥，主要原因是_____。

(2) 实验中三个不同时期追施氮肥的量相等，其目的是_____。为了增加本实验的严谨性，需要增加一个组别，其相应处理为_____。

(3) 从表中数据可知，_____期追施氮肥小麦产量最高，这可能是因为该时期追施氮肥使_____明显增强，使有机物积累明显增多。

(4) 请结合本实验相关内容，设计实验探究春季不同时期适量灌溉对小麦产量的影响，其简要思路是_____。

【参考答案】

(1) 叶绿素、酶、ADP、NADP$^+$等（答出两个即可）；大量氮元素随农产品的输出而输出，需不断补充（答案合理即可）。(2) 排除施肥量对实验结果的影响（答案合理即可）；各个时期均不追施氮肥。(3) 拔节；(净) 光合作用。(4) 在小麦发育的起身期、拔节期及挑旗期，分别对不同组别给予等量且适量灌溉，统计穗数、穗粒数、粒重及产量，并进行比较（答案合理即可）。

（五）"主题发言稿"题例赏析

"世界艾滋病日""国际禁毒日"等与生物学有密切相关的重要日期，可以让同学们撰写"主题发言稿"，学生互相批阅，教师审核，择优诵读。

【题例1】世界卫生组织于1988年1月将每年的12月1日定为"世界艾滋病日"，结合艾滋病日的宣传日活动，请同学们撰写一篇主题发言稿。

远离艾滋病——做好健康的第一责任人

敬爱的老师、亲爱的同学们：

大家好！

我今天演讲的题目是《远离艾滋病——做好健康的第一责任人》。

同学们，这是一个红绸带（展示红绸带），你们知道它是什么的标志吗？

是的，这红绸带是世界艾滋病日的标志，表示红绸带像一条纽带，将世界人们联系在一起，共同抗击艾滋病。

2020年12月1日，是第三十三个世界艾滋病日，今年我国宣传活动的主题是"携手防疫抗艾、共担健康责任"。

同学们，艾滋病是一种免疫缺陷病，又叫获得性免疫缺陷综合征（AIDS），是由人类免疫缺陷病毒（HIV）引起的，号称"超级癌症"和"世纪杀手"，这种病传播快，死亡率高，目前在国际医学界还没有治愈的药物和方法，被联合国确定为当今世界"三大公害"之一。1981年12月1日，在美国首次发现和确认，1988年1月，世界卫生组织将每年的12月1日定为世界艾滋病日。

目前，世界的艾滋病形势非常严峻，全球有4000多万艾滋病感染者，同样，我国的艾滋病形势也非常严峻，国家卫生和计划生育委员会数据显示：2020年1—8月全国艾滋病发病数量为39349例，死亡11595人。据报告，我国艾滋病疫情在青年学生群体和老年人群体感染人数大幅增加，新确定感染HIV的大学生人数年增长率约为30%~50%。

老师、同学们，艾滋病的传播没有国界，要实现"零"艾滋首先要做到"零"传播。艾滋病虽然可怕，但其传播方式明确，其传播途径主要有：血液传播、性传播和母婴传播。生活中，如果直接接触艾滋病患者的血液、精液、乳汁、尿液，或者使用被感染的文身器材、刺针、牙刷、剃须刀和穿耳针等，就有可能导致传染；

而与艾滋病感染者握手、拥抱、游泳、咳嗽、打喷嚏、共餐、共用办公室、共用劳动工具、公用电话机或者蚊虫叮咬等，是不会造成艾滋病传染的。

老师、同学们，我们每一个人都是自己健康的第一责任人。艾滋病会威胁着每一个人和每一个家庭的健康、幸福，因此，预防艾滋病是全社会的责任。怎样才能科学预防艾滋病呢？要做到：

第一，普及艾滋病知识，了解它的病因、传播途径等；

第二，避免不洁性交，尤其是避免与艾滋病人发生性接触；

第三，对供血者进行严格的艾滋病病毒检查，抗体阳性者禁止供血；

第四，不文身、不文眉、不吸毒品、不共用牙刷、不共用针头和注射器等可被血液污染的物品；

第五，患艾滋病感染者的妇女禁止妊娠；

第六，加强国境检疫，防治艾滋病的传入。

老师，同学们。防治艾滋病，是一场没有硝烟的战争，是一场只有爱心才能战胜的战争，是我们每一个人神圣的义务，让我们一起行动起来，为自己、为家人、为社会构建一道坚强防线，共同抗击艾滋病。远离艾滋病，真正做好健康的第一责任人。

【题例2】1988年开始，联合国将每年的6月26日定为"国际禁毒日"，1839年6月3日是"虎门销烟"纪念日，请同学们撰写主题发言稿。

杜绝毒品，珍爱生命

老师、同学们：

大家上午好！

今天是2021年6月26日，是第三十四个国际禁毒日。所以，今天我讲话的主题是"杜绝毒品，珍爱生命"。

同学们，2021年6月3日是"虎门销烟"182周年的纪念日。1839年6月3日，林则徐在我们广东虎门，把总重量200多万斤鸦片彻底销毁，历时23天。这就是闻名世界的虎门销烟！它向全世界表明中国人民拒绝毒品、维护国家独立和民族尊严的坚定决心和觉醒意识！

鸦片就是一种毒品，此外，常见的毒品还有海洛因、吗啡、大麻、可卡因、冰毒、摇头丸、杜冷丁和阿拉伯茶等。这些毒品，名字不同，但实质同样，祸害无穷，严重危害人的身心健康，祸及家庭，危害整个社会。

有人说，毒品就像幽灵，它荡过乡村，掠过城市，挥舞着罪恶的魔爪，留下数不清的罪行。

有人说，毒品像恶魔，让本来健康的人变得骨瘦如柴；让本来幸福美好的家庭支离破碎；让血气方刚的青年走上死亡；让腰缠万贯的富翁走向贫穷。人只要染上毒品，就相当于坠入万劫不复的深渊！

有人说，毒品像猛虎，它最容易下手的就是青少年；

有人说，毒品像瘟疫，那么最容易感染的也是青少年。毒品的蔓延正在危害青少年的健康成长。

为什么青少年易感染吸毒呢？

因为青少年正处于生理、心理发育时期，好奇心重、判别是非能力不强，抵制毒品侵袭的心理防线薄弱，加之对毒品的危害性和吸毒的违法性缺乏认识，容易受到毒品的侵袭。在这个关键时刻，你一旦吸食毒品，就会成瘾，一旦成瘾极难戒治，你的人生悲剧就会从此开始。心中就没有爱，就没有亲情，甚至没有人情！

同学们，182年前的虎门一幕，深深镌刻在我们的记忆里，挥之不去。当今，受全球形势影响，我国禁毒形势也十分严峻。2020年6月17日，国家禁毒委员会办公室发布《2020年中国毒品形势报告》显示：全国现有吸毒人员180.1万名，吸毒人员中相当部分是青少年。其中滥用合成毒品人员103.1万名，占现有吸毒人员总数57.2%。

那么，如何防范毒品呢？

古人云：求木之长，必固其根本。从世界各国禁毒斗争的经验看，有效治理毒品问题，不仅要打击毒品犯罪、减少毒品供应，更重要的是预防吸毒人员滋生、遏制毒品需求，关键做好对青少年的预防教育。"禁毒工作事关国家安危、民族兴衰、人民福祉。"对青少年进行珍惜生命，远离毒品的教育是禁毒预防教育工作的重中之重。所以，要把青少年作为禁毒预防教育的重点。南武学子更应该正确认识毒品危害，提高防范意识，自觉远离毒品。让我们要睁开"火眼金睛"，做到：

第一，认识毒品，防范毒品；

第二，构筑一条牢固的心理防线，拒接各种诱骗品；

第三，选择健康的生活方式；

第四，谨慎交友，避免不良影响；

第五，积极乐观地面对挫折。

同学们，习近平总书记勉励新时代广大青年："青年兴则国家兴、青年强则国家强"。目前，百年南武已经为大家创造了有利于健康成长的校园环境，为学子们筑牢了防毒拒毒的防火墙，为我们实现出彩人生搭建好了广阔舞台。

让我们共同努力，从现在做起，从你我做起，从身边做起，真正做一名"杜绝毒品，珍爱生命"的文雅南武人。

谢谢大家！

参考文献

[1] 中华人民共和国教育部.普通高中生物学课程标准：2017年版［M］.北京：人民教育出版社，2018.

[2] 中华人民共和国教育部.普通高中课程方案：2017年版［M］.北京：人民教育出版社，2018.

[3] 刘恩山，曹保义.普通高中生物学课程标准（2017年版）解读［M］.北京：高等教育出版社，2018.

[4] 钟启泉，崔允漷.核心素养与教学改革［M］.上海：华东师范大学出版社，2017.

[5] 刘月霞，郭华.深度学习：走向核心素养（理论普及读本）［M］.北京：教育科学出版社，2018.

[6] 余文森.核心素养导向的课堂教学［M］.上海：上海教育出版社，2017.

[7] 胡庆芳，孙祺斌，李爱军，等.有效课堂提问的22条策略［M］.上海：华东师范大学出版社，2015.

[8] 郑金洲.问题教学［M］.福州：福建教育出版社，2005.

[9] 吴松年.有效教学艺术［M］.北京：教育科学出版社，2008.

[10] 宋秋前.有效教学的理念与实施策略［M］.杭州：浙江大学出版社，2007.

[11] 孙德玉，吴支奎.课程改革与课程教学［M］.合肥：安徽教育出版社，2007.

[12] 朱慕菊.走进新课程：与课程实施者对话［M］.北京：北京师范大学出版社，2002.

[13] 郭成.课堂教学设计［M］.北京：人民教育出版社，2006.

[14] 方元山.课堂教学改革研究［M］.福州：福建教育出版社，2005.

[15] 郑金洲.教学方法应用指导［M］.上海：华东师范大学出版社，2006.

[16] 靳玉乐.探究教学的学习与辅导［M］.北京：中国人事出版社，2002.

[17] 教育部基础教育司，教育部师范教育司.生物课程标准研修［M］.北京：高等教育出版社，2004.

[18] 徐建敏，管锡基.教师科研有问必答［M］.北京：教育科学出版社，2005.

[19] 商继宗.教学方法：现代化的研究［M］.上海：华东师范大学出版社，2001.

[20] 林正范，贾群生，任顺元，等.课程更新与教师行为的改变［M］.杭州：浙江

大学出版社，2005.

[21] 叶澜.教育学原理［M］.北京：人民教育出版社，2007.

[22] 张大均.教育心理学［M］.北京：人民教育出版社，2003.

[23] 余文森，谌启标.高中新课程教师读本［M］.福州：福建教育出版社，2004.

[24] 福建省普通高中新课程实验工作领导小组办公室.福建省普通高中新课程宣传手册［M］.福州：福建教育出版社，2006.

[25] 杨华等.生物课程教育学［M］.武汉：华中师范大学出版社，2003.

[26] 郑晓惠.生物课程与教学论［M］.杭州：浙江教育出版社，2003.

[27] 刘永舜.做最好的教师：实现自我发展的55个途径［M］.成都：四川教育出版社，2006.

[28] 吴长庚，范安平.高师学生创新教育能力培养［M］.上海：华东师范大学出版社，2007.

[29] 吴永军.新课程备课新思维［M］.北京：教育科学出版社，2004.

[30] 彭钢，蔡守龙.新课程教学现场与教学细节［M］.北京：教育科学出版社，2004.

[31] 李伟.中学生物课程与教学论［M］.长春：东北师范大学出版社，2006.

[32] 孙亚玲.课堂教学有效性标准研究［M］.北京：教育科学出版社，2008.

[33] 傅道春.教学行为的原理与技术［M］.北京：教育科学出版社，2001.

[34] 敖国儒.新课程教学策略［M］.上海：上海科技教育出版社，2005.

[35] 皮连生.教学设计：心理学的理论与技术［M］.北京：高等教育出版社，2002.

[36] 高艳著.现代教学基本技能［M］.青岛：青岛海洋大学出版社，2000.

[37] 夸美纽斯.大教学论［M］.傅任敢译.北京：人民教育出版社，1979.

[38] 郭成.课堂教学设计［M］.北京：人民教育出版社，2006.

[39] 里夫，享柏格.全纳课堂的有效教学：满足不同需求的方案、课程及活动［M］.牛芳菊译.北京：中国轻工出版社，2005.

[40] 约翰·杜威.我们怎样思维.经验与教育［M］.姜文闵译.北京：人民教育出版社，1991.

[41] 东尼奥（Dantonio，M）等.课堂提问的艺术——发展教师的有效提问技能［M］.宋玲译.北京：中国轻工业出版社，2006.

[42] 保罗·R.伯顿，戴维·M.伯德.有效的教学方法［M］.盛群力，胡平洲，闫蔚等译.杭州：浙江教育出版社，2008.

[43] 郭友.中学生物教育实习行动策略［M］.长春：东北师范大学出版社，2007.

[44] 陈继贞，张祥沛，曹道平.生物学教学论［M］.北京：科学出版社，2003.

[45] 李全华, 林兆其. 在实践反思中学会教学 [M]. 长春: 东北师范大学出版社, 2006.

[46] 徐建成. 课堂教学新视野 [M]. 南京: 南京师范大学出版社, 2005.

[47] 魏清. 中学有效教学策略研究 [M]. 上海: 上海三联书店, 2005.

[48] 郑勇, 陶三发, 谭子刚. 情境、探究、建构: 课堂教学的最优化 [M]. 济南: 山东教育出版社, 2007.

[49] 顶伯衡, 郑春和. 生物学教育测量与评价 [M]. 南宁: 广西教育出版社, 2001.

[50] 彭兴顺. 新课程与教师共成长 [M]. 北京: 中国人事出版社, 2006.

[51] 邹开煌. 速度、深度、温度的和谐统一: 余文森教授谈有效课堂教学的精髓 [J]. 网络科技时代, 2007 (13).

[52] 王晶晶, 胡兴昌. 新课程背景下中学生物学教师教学理念的思考 [J]. 生物学教学, 2009 (9).

[53] 王斌, 张迎春. 促进学生有效学习的生物课堂教学策略 [J]. 生物学教学, 2008 (11).

[54] 赵占良. 对生物学学科核心素养的理解 [J]. 中学生物教学, 2019 (6).

[55] 谭永平. 生物学学科核心素养: 内涵、外延与整体性 [J]. 课程·教材·教法, 2018 (8).

[56] 谭永平. 试论中学生物学教材和教学中的情境创设 [J]. 中学生物教学. 2019 (12).

[57] 谭永平. 中学生物课堂提问行为分析与改进建议 [J]. 中小学课堂教学研究, 2020 (9).

[58] 吴成军. 科学思维及其在生物学科中的独特性 [J]. 生物学教学, 2018 (11).

[59] 杨帆, 郭学恒. 基于高考评价体系的生物科考试内容改革实施路径 [J]. 中国考试, 2019 (12).

[60] 江建来. 以认知心理为基础 优化课堂提问设计 [J]. 福建基础教育研究, 2014 (5).

[61] 江建来. "自主导学"教学中"驱动问题"的创设策略 [J]. 中学生物学, 2015 (8).

后 记

珠江，洋溢着满江的春水，悠悠地向东流淌着……

《生物学问题教学漫谈》书稿的撰写可谓是：源于福建（上杭）、拓于广东（广州）、圆于贵州（贵定），汲取三地教育心得之精髓。回顾撰写历程，伏案疾书的日日夜夜，依然历历在目。

2008年9月，在福建师范大学就读教育硕士，期间，得到温青导师（现为国家基础教育课程教材专家工作委员会委员）的精心指导，完成了《构建有效生物课堂教学提问的策略研究》的毕业论文，此乃书稿之源；

2017年8月，广州市面向全国引进基础教育高层次人才，作为福建省中学生物学科带头人、龙岩市名师和福建省普通高中学生学业基础会考生物科命题组长，我有幸从革命老区上杭来到大湾区广州，在这片教育沃土上，继续深耕、实践、探索，丰富和拓展了书稿的内容，同时，也赢得了华南师范大学专业硕士导师、广州市教育专家培养对象和广州市名教师工作室主持人等点滴荣誉。

2021年11月，一种情怀，助力国家东西部协定战略，我踏上贵州这片沃土，来到贵州省黔南布依族苗族自治州贵定县进行教育帮扶，挂任贵定中学副校长，有机会触及到西部基础教育的点线面，深感理念植入和经济发展为教育发展赋能的必要性。其间，对书稿内容进一步充实并完成书稿的审核。

新时代教育，更加重视创新人才的培养，重视科学精神、创新能力和批判性思维的培养。在核心素养下的生物学教学，问题微创设依然富有强大的生机活力和现实意义，《生物学问题教学漫谈》一书也就顺风而至。

诚挚感谢在书稿撰写过程中给予帮助的家人、专家和同仁！

2022年春于羊城
江建来